快楽上等！

3.11以降を生きる

上野千鶴子
湯山玲子

幻冬舎

快楽上等！　目次

第4章　女のサバイバルを阻む病　101

第8章　ニッポンの幸福問題　227

第9章　3・11以降のサバイバル術を考える　259

対談構成　八幡谷真弓
ブックデザイン　鈴木成一デザイン室

プロローグ

私たちに訪れた、生き方の転機

悲しみに同化するよりも、サバイバルすることを考えた

湯山　上野さん、私、人生で初めて、政治の季節がやって来たんですよ。

上野　Oh, my god（笑）！　それは「3・11」がきっかけになったの？

湯山　東北の大震災と福島の原発事故がそれほどに大きかった。あれから「国って何なんだろう」と考え始めた人、多いと思うんですよ。

上野　湯山さんの口から「国」という言葉を聞くようになるとは。目覚めたのね。

湯山　今回の「国」は完全に政治的な制度のほう。これまで、オヤジ転がしというか、体制のニッチに根をトろしてうまく共存してましたからね。その意味で、男社会のダメさを見ないようにしていたのかもしれません。それが震災直後の現実を見た瞬間に、「こんなにひどかったのか」

と。私も会社員をしていたからわかるのですが、組織はその出来始めはともかく、必ず腐る。そこに帰属する人たちのお得と存続が真の目的になっていくから。日本の官僚と大企業がかかっている大病が、今回の原発事故で、放射能被害の実害として自分たちに直面したんで、大騒ぎのていたらく、ですよ。

上野　今頃わかったのか（笑）。まぁ、オヤジは転がしても、なかなかくたばらないのよね。それで、震災直後は、湯山さん、どういう行動を取ったの？

湯山　まず情報収集ですね。福島の原発で何かがあったらしいと、ツイッターを通じてちょこちょこと情報が集まりましたが、よくわからない。わからないと最悪のことを考えるのか、もう東京壊滅か、とまで。20代のとき、チェルノブイリの原発事故をもとに、反原発の機運が同世代のマスコミ人種に広がったんですね。広瀬隆《ひろせたかし》さんの本を読んだりと、放射能について基本的な情報に触れる経験を持っていたんです。にも、かかわらず、ですよ。

上野　広瀬さんの本というのは、1986年のチェルノブイリの事故のあとね。つまり、原発事故について知らなかったわけじゃないってことね。

湯山　広瀬さんの本を読んでいたときに、「原発に関して、お上は信用できないよ」とも学習してました。だから事故のオンタイムは、テレビ報道モードでしたよ。今はもうギャグにしか思えない「専門家がそう言っているんだから安心」だと。ツイッターで原発関係の正しい情報を取り寄せようと思っても、そもそもこっちの知識が皆無なので、情報の取捨選択ができない。正しいセレクトがわかってきたのは2週間ぐらい経《た》ってからでしたね。それすら信頼できるスジを信じ込んでのものなので、心もとない。静観していたら、震災から5日経った頃に、海外の友人たちから「レイコ、私のとこに逃げて来い！」というメールが一斉に届いたんですよ。

上野　海外って、つまり外国のご友人たちが「こっちに来い」と言ってきたの？

湯山　ベルリンとウィーンとロサンゼルスと、各地から「東京から早く避難しろ。あなたたちが信じているマスコミの放射能の情報はすべて間違っている。大変なことになる」と。「飼ってるネコも大丈夫だ、○○航空なら」みたいな情報もくれました（笑）。その日まではけっこうのほほんとしてたんだけど、そんなメールが3月16日の午後に集中して届いて、その夜、ネットで情報収集しているうちにどんどんヤバイ感じが強くなってきて、朝4時に決心し、隣に住む夫の母を連れて沖縄に飛んだ。混乱しながらも、決断しなきゃいけないと思ったんです。だから、東北のことを悲しんでそこに同化するより、まず自分のことでしたね。

上野　「まず自分のこと」というのは正しい態度だと思う。でも、「罪悪感」はなかった？

湯山　いやー、正直言ってまったくなかったんですよ。ほら、ネコがパニクると飼い主も何も見境つかずに暴れるでしょ？　そんな状態だった。

上野　それにしては、初動が遅くない？　あのとき避難した人たち、もうちょっと早かったみたいよ。

湯山　割と早いほうでしたよ。周囲でも「家をどうする」「会社のことは」って騒ぎながら、実際の動きはしてなかった。外国人たちが大きく動いたのは、私が沖縄に行ってからの週の土日ですかね。

上野　私が見てる人たちとあなたはちょっと違うのね。あのとき最初に動いたのは、子連れの女たちだった。あなたの反応はレアケースかも。仕事の処理とか考えなくてもすむ人たちが、子どもの手を引いて、西日本にある実家や親戚や友人の家にとりあえず行くという行動を取った。早い人は震災の2、3日後に動いていたと思う。

湯山　それは早い。3・11は金曜でしたけど、続く土日は私はまだまだ思考停止してましたね。

避難する自由としない自由、「自分だけが」という罪悪感

上野　あなた、結婚しちゃってたんだっけ?

湯山　しちゃってます。

上野　許す(笑)。夫に避難することは相談したの?

湯山　そこがね、特別な事情があったとこなんです。実は夫は建築関係に勤めてまして、構造が専

門。つまり、耐震設計の専門家なんですよ。だから、地震があればすぐに現地調査に行かされるわけです。

上野　今回はどこに行かされたの？

湯山　仙台。交通機関も止まってたんで、決死部隊のコンバットみたいでしたよ。内路を通って、特別な車だかなんだかで行って。

上野　あなたの夫って、そんな堅気の仕事をしてる人だったのね。

湯山　まあ、私と結婚しているんで中身はそうとう変わった男ですけどね（笑）。そのときの夫が、男のヒロイズムと言うんですか、目がキラキラ輝いちゃって。

上野　非常時だもんね。前線に派遣されるヒーローみたい。

湯山　そう！「オレ、前線」みたいになって。ああ、戦争のときもこうだったんだろうな、ニッポン男子って感じなんですよ。「行くな」と言っても、まったく堪えない（笑）。正確な情報を私もまだとらえてませんでしたが、「次に地震が来たら、被曝でしょ」と止めても、「震災後の建物は大変だから、オレ、行かないと」と聞く耳を持たないし、「死ぬよ！」と怒っても、「いいんだ。俺の人生、もう長くないし、これで本望」と。

上野　あのとき、原発特攻隊（「福島原発行動隊」）を組織しようとネットで呼びかけた人がいましたね。60歳以上の元技術者たちが身を挺《てい》して。50代でもそんな感じだったのね。

湯山　そう、「俺の生き方だから」ぐらい言われたら、もうしょうがない。「勝手にすれば」と行かせたんです。あとで思ったんですが、その距離感みたいなものが、私と夫の夫婦間の感覚なんですね。絶望も希望もなくクール。しかし、彼は隣家に住むお義母さんを置いてったわけですよ。海外からのメールを受けて逃げると判断したとき、最初にうちの両親を連れて行くことを考えました。が、すっごい説得してもダメだった。母親はちょっと沖縄行きに色気を出してたんだけど、父親なんて「何、言ってるんだ、バカ！」とテコでも動かない。彼はテレビからの情報を信じてるんですよ。結局、「俺はもういい。ここでピアノを弾いて、死ぬ！」みたいな感じになりまして。

上野　お父様はクラシックの作曲家でいらっしゃるのよね。それで、お姑《しゅうとめ》さんと？

湯山　非人情の私もさすがにですね、夫のお母さんを一人置いて何かあってはと。東京も余震がどうなるかわからないときでしたから、私が守ってあげなければと。避難を決めた深夜、一刻も早く出ようと思って、朝の4時に隣に電話したら義母も起きていた。ふだん、「もう思い残すことはないわ」なんて言っている人が、「逃げよう」ってなった途端にすごいスピード感なの（笑）。さすが戦中世代。飼いネコとお義母さんを一緒に抱えては無理でしたから、泣く泣くネコを置いて……。バケツに水をたっぷり入れて、エサを大量に置いて。何かあったときは防護服でも何でも着て、一回は帰って来られるだろう、という気持ちで。

上野　断腸の思いね、ネコを置いていくなんて。ペットは家族だものね。

湯山　そうでしたね。逃げるって決めたときも、私一人が、ってことではなかったんですよ。どうせなら親しい人たちにも声をかけて、一緒に行こうじゃないかと。でも、そのとき声をかけた人たちが、ことごとくダメなんですよ。すごく敬愛していて大事に思ってるライターさんにも電話したんですが、まったく予想もつかない言葉が出てきた。「自分だけ逃げるわけにはいかない。裏切り者にはなりたくない」と。私の発想と感性にはその考えがなかったんです。逃げられる人は逃げる自由を行使すべきだと思っていたから、みなから後ろ指を指されないために逃げない、という感性がわからなかった。これはツイッターでもその後すぐに確認された心証です。

上野　そこまで決断して、一番南の沖縄に行ったと。戻る決断はどの時点で?

湯山　2週間いたんですが、次第に正しい情報が入ってきて、〝プルトニウムで即死〟ということはなく、長期戦になりそうだと予想がついてきたので、東京に戻りました。

諦めと思考停止

上野　私に最初に入った情報は、海外大使館の人たちに避難命令がいち早く出てるというものだった

湯山　のよ。フランスがすごく早かった。あれだけ原発を輸出してる原発大国がさ。

上野　原発にファンタジーなんかを持っていないんでしょう。リアリストとしてのフランスの面目躍《めんもくやく》如《じょ》ですね。

湯山　どうしてそれを知ったかと言うとね、ちょうどアントニオ・ネグリという左翼の大物、最後のマルクス主義者を、2011年4月に予定してたシンポジウムで日本に呼ぶためにビザを取得できるところまで漕ぎ着けて、本人の承諾も得て、日程の最終の詰めに入るところで震災だったの。本人は高齢だし、仏政府から日本が旅行危険区域に指定されてるしで、ドタキャンされちゃったわけ。そのときに大使館の情報を聞いたの。アメリカ大使館が大阪に拠点を移すともね。こちらも早かったのよ。

上野　それはどれぐらいだったんですか？

湯山　震災が起きた翌日ぐらいじゃないかな。私はまだツイッターを始めてなくてネットからの情報をあんまり得てなかったんだけど、口コミでいろいろ入ってきてね。子どもを連れた人たちが、いち早く西日本に逃げてるとかもそう。いち早く逃げた人の中には、甲状腺がんを患ってる人も二人いたのよ。

上野　それは、身体への影響を心配して？

湯山　そう。放射能を浴びるとがんが悪化するというので、恐怖に駆られ、甲状腺がんの患者友だち同士が声を掛け合って、一方の実家のある京都に直《ただ》ちに移動しました。

湯山　すごい行動力ですね。

上野　あとで本人から聞いたんだけど、向こうに着いてから涙が止まらないって言うの。「自分の好きな人たちを置いてきた。私一人が助かろうとした」って。

湯山　あー、私とは本当に違うなぁ。

上野　いち早く移動した人たちには当てはまらないけど、日本人の多くにはある種の諦めがあるでしょ。私が今でも忘れられないのは、美浜《みはま》原発の周辺で敦賀《つるが》の農婦にインタビューしてた映像なの。「もし原発に何かあったらどうしますか?」と若いアナウンサーが聞いたら、そのバアさんがね、「へっへ〜」と笑って、「まあ、しょうがないわねぇ。死ぬだけやねぇ」と。

湯山　ああ、その感じ、うちの父親もそうだと思います。あの言葉の感じには「面倒くさい」というモードもあったな（笑）。

上野　つまりは思考停止なんだけど。でも、あなたは抵抗したんだよね。2週間の抵抗。

湯山　それはエネルギーマックスで。でも、今思うと、そうとうパニック状態でしたね。だって、沖縄からの国際線も調べてましたもの。「群発地震で日本沈没か?」とも考えた。私の世代は『日本沈没』ブームにもバッチリハマったクチですから。

上野　それで死に物狂いの抵抗をしたのよね。子どものいる人たちがそうなるのは理解できるけど、子どものいないあなたが死に物狂いの抵抗をした。しかも不思議なのは、あなたみたいな人にとってはペットが子どもに当たるわけだから、夫の母よりネコのほうが大事じゃん、はっきり言って。でも、ペットを置き去りにして、お姑さんを選んだ。

湯山　そこは最後のヒューマニズムということで……。いや、言っちゃうと、後ろ指を指されないためにかもしれん（笑）。

「人間は抑圧し抜くと、抑圧に慣れる生き物」なのか？

湯山　私、カズオ・イシグロという作家がけっこう好きで、新作が出ると必ず読んでるんですが、映画化された『わたしを離さないで』が、この3・11以降の日本人の反応と心証を恐ろしいほどに看破しているんですよ。現在のこの世の中のパラレルワールドみたいな、とある場所の話なんですが。

上野　臓器工場みたいなところでしょ？

湯山　そう、人のクローンが育てられてる寄宿学校で、クローンたちが物語の主人公。彼らは自分たちの使命のようなこと、つまり臓器移植のためのクローンだということを、学校でも教えられないけど、曖昧《あいまい》なうちに知っていく。極めて日本的ですよね。主人公たちは途中まで、わからないなりにもモヤッとしたものをずっと抱えてる。だけど、自分たちの酷い運命を知ってしまったあとでも、逃げない。自分たちはそういう存在で、それをまっとうする人生なんだと諦観するような空気を、カズオ・イシグロは描いてるんです。

上野　反抗も、絶望もせずに、受容していくのね。

湯山　それがまた平和的で繊細で。作者の筆致がほの明るく肯定的なんです。作家の技だと思いますが、水墨画のような淡いところで「ああ、明日、あなたは逝くのね」みたいなタッチ。彼らは一応行動するけど、抗議と言うには実効性がなく、結局は受け入れて死んでいく。何とも言えない悲しみと後味が強力に残るんですが、3・11のあと、「あの小説は私にこのことを教える、前触れだったのでは」と思うぐらい、直後の日本の雰囲気にリンクしてます。再稼働に抗議するデモが大きく膨れ上がったのは、脱原発の空気が1年以上かけて濃厚になってからだし。

上野　カズオ・イシグロはたまたま日系だから、「日本人的」と思うかもしれないけど、ホロコーストを経験したヨーロッパも、実はそうなのよ。ユダヤ人の強制収容所の中で、どのみち死ぬことはわかってたのに、どうして抵抗も暴動もしなかったんだと、あとになって生存者たちはイスラエルで責められたの。だけどね、いろんな心理的な研究でわかったのは、人は抑圧し、抑圧し、抑圧し抜いても、立ち上がったりしない生き物だということ。

湯山　日本のシステムはすでに日常がそれ、という。

上野　「人間は抑圧し抜くと、抑圧に慣れる生き物だ」というのは、世界中どこでもそうなのよ。抑圧を生き延びるために、できるだけ省エネで生きる。反応しない、感覚を遮断する、離人症的な状況を生きる……。そうした生き延びる術《すべ》を考えつくわけ。ジョルジュ・アガンベンという哲学者が紹介したんだけど、そうやって半ば死者のごとく、日々やり過ごしていた収容所のユダヤ人は「ムーゼルマン」という隠語で呼ばれてた。ドイツ語で「イスラム教徒」を意味する言葉。その人たちは次の日にガス室に送られることが薄々わかっていても、受容した。自分の残されたエネルギーを反抗でなく、受容に使ったのね。

湯山　ムーゼルマンになるのは、耐えるための一種の生存技術でもありますよね。

上野　そう、苦痛を低減する方法。避けられない運命としてね。それで生存者たちが後々イスラエルに迎えられたとき、ヒーローでなく臆病者扱いされた。アイヒマンが裁判でナチスの所業を証言し、筆舌に尽くしがたい状況であったことが全世界にわかるまで、そうした扱いを受けていたの。これはナチスのホロコーストの例だけど、他にも困ったことがあっても、避けられない運命だと感じてしまう人たちが、庶民の間には多いんだよね。

湯山　うん、早めに諦めてますよね。

上野　日本人も原発を作ったときに、「何があってもしょうがないわねぇ。何かあったら、死ぬだけだわね」と思って、生きてきちゃった。受け入れるという意味では、戦争もそうだったのかもしれないね。

湯山　ホントにそう。イヤだ、ヘンだ、と思っても、それが起こるとそのまま見過ごす。

上野　私の母は空襲の被害者だけど、あの火の中を逃げまどったという経験は、自分たちの国が戦争を起こしたということと結びついてないもんね。

湯山　それは鋭い視点ですね。

上野　ペロリと焼け野原になって、ものすごい目に遭ってはいるんだけどね。さように、人災を半ば天災のごとく扱うところが、日本人にはある。天から降ってきた災厄だとね。

湯山　特に日本は地震と台風の国だから、〝天災→すぐ復興〟で、災厄を忘れて前向きに進んでいくという不屈の精神がある。それは素晴らしいんですが、人災は天災ではない。有吉佐和子《ありよしさわこ》の小説に『真砂屋お峰』というのがあって、そこには、毎月、大火事で焼け出されているのに、その原因である都市計画には手を付けず、スクラップ&ビルドを繰り返す江戸の庶民が描かれているんですが、そういう心根が日本人にはあると思う。

社会を変えるチャンス到来？　上野流フェミニズムに解を求めて

湯山　政治の季節が来たとは言っても、今、自分でも揺れてるんです。「逃げる」という選択肢がもう一つある。海外に行きたいということなんです。実はこれ以前から考えていたことで、ヘンな話ですが、この年になって世界を股にかけて暮らしてみようかと（笑）。定住は考えてなくて、私は90年代に仕事で多くの友人を海外に作ったので、そこを渡り歩く。もちろん日本を変える努力はする。しかし、これまでのシステムが大変革されるとは思えない、というリアリティもある。

上野　何から逃げるの？

湯山　まず放射能から。それから、日本の旧来のシステムからも。とにかく既得権システムの手強《てごわ》さは、そうとうですからね。というか、私は生き方の個性はともかく、日本人は何やかやいっても「これじゃいくらなんでもマズいでしょ」という常識的なセンスはあると思っていたんです。だって、司馬遼太郎とかの本をオヤジサラリーマンは好むわけだしさ。しかし、体制の常識はまったく違うところにあった。十数年間の会社勤めでの様々なことが蘇《よみがえ》ってきましたよ。それで戦わずして無理だと思ってるところがあります。でも、そうでもないのかもという感覚もあって。矛盾してますけど。

上野　そうでもないのかもというのは、どういう点で？

湯山　すごく強大で、石礫《いしつぶて》を投げたって絶対変わらないと思ってたのに、そのシステムが最近、少し揺らぎ始めたでしょ。揺らぎ始めたのは、そのシステムでは世界で競争力のあるモノやサービスが作れなくなってカネを稼げなくなったから、ということも大きいんだけど。3・11以降、読んでる本から見えてくるものはあります。

上野　どんな本を読んでるの？　脱原発系？

湯山　脱原発系もですし、日本論と言えば登場する山本七平だったりの『空気の研究』とか。現役東大教授である安富歩《やすとみあゆむ》氏の『原発危機と「東大話法」』は、言葉を正すという意味での脱原発論としておもしろかった。彼らのあの情報の薄さのわりの物言いの説得力はこれかよ！　と胸のつかえがとれましたね。そういえば、私、『日本人とユダヤ人』を中学1年生のときに読んで、当時の私でも自分の境遇を鑑《かんが》みてけっこう腑に落ちていたんですよ。まあ、日本人論はその頃から好きだった。

上野　すごいね。それは早熟。

湯山　あと、柳田國男の『蝸牛考』なども。「周辺」と「中心」の話ですね。全般的に、日本の政治や文化、社会システムに関する本に自然と手が伸びてます。私、人生の早い時期に政治に対してロックが掛かった経験があったんですが、そのときに封印された気持ちがムラムラと、今。これはもう「怒り」ですね。中学生のときに憤《いきどお》っていた自分が戻ってきましたよ。そもそもこの世の中がこんなになったのはどういうことなのか、を再勉強ですかね。

上野　そうした必死の努力の一方で、「逃げる」という選択肢もあるのね。

湯山　正直なところ、本来は唾棄するはずの「しょうがねえや」という考え方に捕らわれる自分もいます。政治にコミットすることも含め、「行動したところで絶対無理」というリアリズムも頭をもたげてくる。ただ、上野さんのフェミニズムの本を改めてちゃんと読むしね、今の状況にオーバーラップするところがすごくある。

上野　ほう、そう来ましたか。

湯山　フェミニズムのゴールは、男並みの女を作ることではないんですよね。もともと男に有利な世界に出来てるんだから、そこでがんばったって絶対に無理で、そこで男並みの女を目指すのは違ってる。もともと向こうのほうがいいカードを持ってるという社会の構造自体を、いじらなきゃいけない。そのことが大事なんだと。これって、3・11以降の社会全体の構図にも、当てはまりますよね。小説『真砂屋お峰』からの見識のように、毎月大火事で焼け出される人生でいいのか？　ということですよ。面倒くさいけど、街自体を変えることに着手しないといけないわけですから。

上野　それで、私との対談を考えついたわけね（笑）。いいでしょう。やりましょう。

第1章

3・11以前のリア充女のサバイバル❶

非リア充の時間が育んだ、サバイバル意識

上野　震災時の初動が避難であったり、政治に関わることへのロックが掛かっていたり、そういう湯山さんがどうやって現在の怒れる湯山さんになったか、聞かせてもらいましょうか。

湯山　思えば、小さい頃から惨事に遭ったとき、例えば戦争や革命が起きたときは「とにかく逃げろ」という物語に、ものすごく親しんでいましたよね。

上野　破局ものを読んでたんですね。例えばどんなものを？

湯山　60年代は子ども向けに、戦争の悲惨さを描いたものが非常に多かったんですよ。革命も一つの戦争ととらえると池田理代子先生の『ベルサイユのばら』だったり、一条ゆかり先生のスペイン内乱を描いた『クリスチーナの青い空』であったり、すごくいい物語が私の少女期にばっち

りあった。

上野　動乱ものですね。動乱をテーマにした文学作品というのは通常、動乱から逃げる人でなくて、動乱に立ち向かうヒーローやヒロインを描いてるんじゃないんですか？

湯山　いや、私の気持ちとしては、国外亡命に失敗するアントワネットにがっくり来ていた（笑）。うちの親は昭和一桁生まれで、わりと戦争体験を聞かせる家庭だったんですけど、彼らが語るストーリーの中でも、満州の引き揚げに関しては、「もう逃げ足が大事だ」と幼心に思ってましたね。李香蘭の半生をまとめた本も家にあって、小さい頃に読んでいたし。

上野　逃げ惑う民衆の話。それで、動乱に対して心の備えができていたと。

湯山　さんざん読んでいた『少年マガジン』の巻頭グラビアは、カタストロフ（人類滅亡モノ）ばっかりでしたよ。ノストラダムスの大予言然《しか》り、何かがあったときにどうサバイバルするか、ということが流行《はや》ってた、１９７０年頃は。

上野　60年生まれということは、湯山さん、新人類の最初で、オウム世代ね。この世代の人たちには終末論がものすごく色濃くある気がするの。小説やアートというのはある種の予期的学習で、何かが起こったときに「ああ、コレが私が読んで知っていたアレなんだ」となるわけ。予期的学習をしていたアポカリプス（終末）が遂に来たと。それで湯山さんは、３・11の初動が「避難」だったのね。95年の地下鉄サリン事件は、終末論をマジにベタに信じた人たちが、日本に

湯山　お粗末な終末を起こそうとしたわけだけど、同世代感覚はある？

上野　もう、これはありますね。私、「リア充の権化《ごんげ》」のように言われてますが、実はものすごい非リア充性質がある。仲のいい人たちはみな知っています。オタクの最初の世代ですね。変わっていたのは、クラスでヒエラルキーの上にいながら、非リア充人脈もあった、という。

湯山　クラスで浮いてたわけじゃなく、リア充的にリーダーの地位は占めてたんだ。私の知るかぎり、非リア充になる人たちは現実逃避型が多い。現実がつらくて、苦しいから、非リアルな世界に充実を求める。

上野　でも、私の場合は現実が楽しくて楽しくてたまらない。遊び人体質がいつでも頭をもたげてくる。

湯山　レアケースだわ（笑）。

上野　まあ、実は両方とも遊戯的でおもしろいことに変わりはないんですけどね。ただし、中学生の頃に、リアルと非リアルの間で動けなくなったことがある。思春期になって、「いろんな遊びのアイデアを出す元気な玲子ちゃん」に、〝女〟のバイアスが掛かってきたんです。モテる女子が出て来て、逆にこっちが男子に嫌われたりとか、男や女であることが影響し始めるタイミングってあるじゃないですか。

湯山　あなたの知ってるリアルが、思春期とともに勝手に変容したわけだ。

湯山　そう。それで、楽しく両立してたのに、リア充方面がうっとうしくなって、非リア充の世界にものすごく振れた一瞬があった。その後、復活してリア充のテクニックを身につけるんですが、当時は逃避して、ちょっと目立たなくなっていた。

上野　復活の話はあとで聞くとして、やっぱり、ジェンダーが関わるのね。でも、思春期以前は子ども時代だから、リア充も非リア充も、そんなに違いはないでしょ？　特に非リア充の妄想系は、思春期以降文化的な知識をいっぱい仕込んでから、その世界が広がるわけだから。

湯山　いやいや、私たちの世代って、今の小学生よりずっと暇だったんですよ。塾も趣味みたいな英語教室しか行ってなかったし。莫大な放課後の時間があったんです。そこで、家にあったいろんな物語を読み尽くした。親や友だちと一緒に、映画も観まくった。その意味では、文化的なストックは豊穣だし、多様性に富んでいたと思いますよ。現実世界も同様で、親や学校の管理が手薄だったので、いろんな寄り道ができた。よく街をウロウロしてたなぁ。

民主主義と戦闘性の源は「小学生共闘」

上野　政治に対するロックは、いつ掛かったの？

湯山　いやー、これが非常にレアな体験をしてましてして、失われた時代証言なのでご披露したいんですが、私、『週刊新潮』で「アカ二」と叩かれたほど左翼教育だった、杉並区立高井戸第二小学校に通ってたんです。

上野　左翼って、小学生から？

湯山　これって誰も知らない近現代史ですから。小学校高学年のときの先生たちが最も過激で、1年間、全カリキュラムがオリジナルになっちゃった。

上野　それって何年？　ベトナム反戦の頃？

湯山　私が9～12歳だったから、69～72年。

上野　じゃあ、学生闘争の真っ最中だ。私とあなた、ちょうど一回り違うのね。その頃、私、石を投げてた（笑）。

湯山　上野さんのご同輩が、私の小学校に教員としてガッツリ入ってたわけです（笑）。それで何かって言うと「ティーチイン」ですよ！　話し合いがすごく多かった。

上野　子どもの間で、何を話すの？

湯山　一人、依《え》怙《こ》贔屓《ひいき》はするわ、授業もトンチンカンだわっていう先生がいたの。それで生徒がその先生の悪口を言っていたら、「君たち、それにはいい方法がある。リコールという方法だ。みんなで話し合って、先生に要求を叩きつけなさい」と、私が敬愛していた素晴らしい先生がアドバイスを（笑）。

上野　先生が子どもに、直接民主主義を教えたんだ。「小学生共闘」だね、それ。高校生共闘は聞いたことあるけど、小学生は初めて（笑）。これは歴史に残すべきね。

湯山　全校生徒の集会の中で、なぜその教師がリコールされるべきなのか、クラス委員の中の代表格の生徒がアジ演説を打っちゃって、彼が泣いてるというのを私は見たんですよ。あ、教室の本棚には白土三平《しらとさんぺい》の『カムイ外伝』が全部ありました。

上野　あの当時の唯物史観と階級闘争の教科書でしたね。そういう教師のもとで小学生のときに刷り込まれたら、鮮烈ね。それがあなたの原体験。おお、それでこの戦闘性か（笑）。

湯山　当時の同級生に、もう亡くなってしまった女優の深浦加奈子《ふかうらかなこ》さんがいるんですよ。彼女とはホントに仲が良くて、二人の話題は安保闘争のテレビ中継だった（笑）。うちの父親は学生運動嫌いだったので、小学生ですでに父と激論を戦わせていて、鉄球で攻められてる学生側に私が立って、親とも大喧嘩にもなったぐらいです。

上野　連合赤軍の浅間山荘事件のテレビ中継も見てたわけね。

湯山　もちろん。小学生のその頃は楽しかったし、自由にやった感じがあった。しかしながら、中学で大挫折。それで転向かたがたリア充になるわけです。小学校が小学校だったので、高校や大学のときに、政治系にハマる友人たちはちゃんちゃらおかしく見えてました。

自由を得るために、体制側の論理を学ぶ

上野　中学校に入ってロックが掛かったのは、何があってのこと?

湯山　入った中学がうって変わって、お受験・エリート公立校で、先生に目をつけられ、頭をガツンとやられまして。私、小学校の先生たちが大好きだったんです。魅力的な人が多かった。話し合ったり、いろんな本を読んだり、そういった空気の中だと、地頭の良さ、本当の頭の良さを試されるじゃないですか。その自由さが学問だとも思ってたなー。

上野　そのとおりです!　小学生のときに学問に目覚めたのか。やっぱり早熟ね。

湯山　ソフォクレスやカフカも読んでましたよ。それが中学で急にダメになった。イヤな体質の受験校で、先生に目をつけられちゃって。いじめられる、というより〝無視〟。これがキツかった。くすぶりながらも、私は「こっち側の論理や権力を持たないと、この世界で自由に生きていけない」と思いました。体制側の論理を体現しないとメインは張れない、と。「『いちご白書』をもう一度」みたいなもので、長い髪を切って、会社に入る全共闘男と同じことを、リベンジの高校、大学でやったんです。

上野　早熟だと「転向」も早いのね。

湯山　実は転向には〝女〟も絡むんですよ。なぜならば、転向した途端にモテが手に入る。女として

上野　の技で。世の中、わかりやすいなー、と。

湯山　じゃあ、「ブル転」と「女装」は重なってるわけね。この「ブル転」という用語が注釈なしに通じちゃうのもすごいけど。

上野　たしかに、「ブルジョワ転向」（笑）。そういえば、小学校で友人の深浦加奈子に「ブルジョワ」って言われたな。彼女は自分の親のことを「心情的左翼」って言っていたし。

湯山　信じられないガキだね（笑）。でも、わかる。資本主義社会の中で、女の指定席をゲットしていくのは、ブルジョワになるというか、女装して生きることだから。

上野　そのとおり！

湯山　女が女装を学習するのが、だいたい思春期。うまく学習する人もいるけど、学習しそこねる人と、学習しようとするが拘束衣みたいにフィットしないと思ってもがく人もいる。私は後者でしたね。

上野　私がそれを拘束衣だと思わなかったのは、当時のファッションとカルチャーに女装のカッコいいモデルがいたからでしょうね。そこで私は楽しめたんです。

湯山　「ファッション」と「カルチャー」に、もう一つ、「容貌」が絡むのよ。女装しやすい資源を持ってるかどうかという。

上野　手持ちの文化資源は当時から多かった。洋楽が大好きだったんで、音楽の情報をいっぱい持ってましたから。当時、洋楽のアーティストを語れるというのは、学校における文化的ヒエラルキーにおいても男女問わず相当カッコよかったんですよ。言わば「カルチャーエリート」。

上野　あと、体形とか容貌もあるじゃない。ルックスという女性性資源。

湯山　痩せてました。女装貫徹後の当時の写真を見ると、スポーツで日焼けした、セクシーな南沙織ですよ。シンシアってなもんで。

上野　私はクラスで一番ぐらいのチビだったから、本当にガキ扱いだったのよ（笑）。女装以前。それはさておき、あなたは中学生でブル転して、ロックが掛かって、非政治化したのね。

湯山　非政治化しましたね。でも、進学した高校の校風が割と自由だったんで、もう一回、あの感覚は戻ってきた。その高校も学生運動の最後の拠点みたいなところで、やっぱり左翼先生がいて（笑）。「ああ、やっぱり私はこれだ」とすごく伸び伸びしました。だけど、ブル転で得られる、若い女の快感がもはや麻薬のごとくなっていく。それで、女子大生ブームの先兵として入った大学が学習院。女子大生という当時の宮廷に、「ベルばら」のポリニャック伯爵夫人のように入り込んでいくわけです。

旧男類を黙らせる、技術としての「女装」パワー

上野　ブル転すると、どういういいことがあったの？　チヤホヤされた？

湯山　されたねー（笑）。ブル転みたいなこと、つまり「カネ」と「女」という記号を身に着けることはね、より自由になって、私の上にウザイ男を立たせないための武器として、すごく機能したんですよ。私より年上の、文化系全員が左翼かぶれ。そして、そういう男たちって魅力はあるんだけど、つき合うと大変そうだった。頭が良くて元気のいいコがそういう年上文化系とつき合ったとたん、貧乏臭くて地味になるのを見て、あーあ、と。

上野　ああ、とてもよくわかる。私はね、自分と同世代の男たちは、同世代の女とまったく人種が違うと思ってる。「団塊世代」と一括《ひとくく》りにするなと。「団塊男は旧男類だが、団塊女は新女類だ」と。あの頃、同世代の女たちは他の選択肢がなかったのと、「それが女の幸せ」と思いこまされたせいで、いそいそと結婚生活に入ったんだけど、その後悶々としたの。アタマの中が家父長制そのものの男たちが、女をかしずかせたわけよ。そこに女風を吹かす一回り年下のギャルが来れば、男側からすれば、不倫相手に最高じゃん（笑）。その頃には彼らも就職して、カネ回りが良くなってるし、そこそこのポストには就いてたしね。

湯山　不倫相手になった女たちは、私よりもうちょっと下の世代かな。私が新卒でぴあに入社したあとに、団塊世代の男たちが権力を持ち始めたから。私の世代って1年ごとに違うんだけど、2、3歳上ぐらいまでだと、男は口では左翼的な男女平等を言いながら、相手の女には、自分に脅威がないオヨメさんか天然ちゃんタイプを選んでた。今でも文化系の男子によくいるタイプ。

上野　はいはい、要するに旧タイプの女、「女の指定席」に納まる女を選ぶんでしょ。男のふるまいを見てたらわかるのよね、女を同志と思ってないどころか道具にしてるってことが。あの当時の典型は、弾《はじ》けてる女を愛人にし、家でジッと待つ女を妻にするという二重基準を使う男たち。散々っぱらいろんなことをやったあげくに、「ゴールインしました」と私の前に妻を連れて現れるケースに何度も遇って、「女房っつうのは、男のアキレス腱だな」とつくづく思った。こんな恥ずかしいもの、世間に見せるな、と。

湯山　わははは。思いっきり言ってください（笑）。

上野　いや、ほんとに、風采の上がらない地味な妻が、夫の後ろで顔色を窺《うかが》うような目で彼らを見あげるのを見てたら、「こうやって仰ぎ見られてねえと、おまえの柔《やわ》なプライドは保たんのか」と思わされる。そんな恥ずかしいもん、人前に出しちゃいかんという気がするのよ。でも、旧男類はそういう妻選びをした。そして、愛人にした女は絶対に妻にしない。日常生活が平穏なほうを選ぶからね、彼らは。

湯山　本当にそうですよね。私、高校時代からジャズ喫茶やロック喫茶や、アングラ演劇に行ってたんだけど、そこに来るような左翼かぶれ男が「やっぱりさ、男は船で、女は港」とか言うわけですよ。そういう男たちに、彼らにはないブルジョワ的な、例えばブランドバッグを持って、資本主義万歳な女風をバァッと吹かせてやると、見事に黙ってくれる。奴らが最も苦手な「カネ」と「女」の記号を使って、斬りまくってましたね。

上野　なるほどね。文化的に優位に立ったんだ。

湯山　そう。文化的にも経済的にも、後年のマハラジャお立ち台で踊る女の「見せるけどやらせてあげないよ」みたいな、残酷な気持ちも含まれてた感じですね。70年代から80年代にかけてのことですね。

上野　あの消費社会状況の中では、期間限定とはいえ、たしかに女が一つの権力になりましたね。自分が消費財であることを自覚した上で、男の鼻面《はなづら》をとってひきずり回すという。それをやったわけね。

湯山　権力になるには、「若くて」という条件が付きますけどね。私の場合はやっぱり、いちいち難クセをつけてくるウザったい男たち、私を攻撃してくるものを取り外したかったので使いました。車やブランドものを。当時の「いろいろ暴れてやろう」という元気な女の子たちは、そんな女装をして男を黙らせた。例の深浦さんもそういうタイプで、明治大学のアングラ劇団「第三エロチカ」の看板女優なのに、ソアラを運転して、ニュートラで稽古場に通っていたもの。今となっては、何だかよくわかりませんが、当時の私たちはそういうことに燃えたんですよ。

上野　消費財だけど、手の出ない消費財。たしかにそういうニッチ戦略はあったかも。それなりのコスプレ用ファッションもあったし、文化資本もあった。それに伴うわかりやすい経済資本も。「私はカネが掛かってる女よ」というパフォーマンスもあったしね。

湯山　ブル転で女装しながらも、上野さんの本を読んで語る友だちはけっこういましたよ。『セクシィ・ギャルの大研究』、私の周りの女はみんな読んでたもの。

上野　あれは、私の処女喪失作です。当時、私は、短大の教師だったんだけど、そこで内容をレクチャーしたら、学生が言ったのよ。「先生、こうやったら男に受けるんだって、よ〜くわかりました」って（笑）。そう、女装は学習できる。「実践していいけど、自覚してやんなさいよね」と返事しておきました。どうとも使えるから。

湯山　なるほど。私は、とにかく、私を遮る障害をどかせたかったですね。男の女に対する強制力や「こうしなさい」というイヤな空気をとにかく。中尊寺ゆつこの漫画でオヤジギャルが出てくる前夜ですからね。今と違って、居酒屋に女同士が行って飲むことなんぞ、けっこう勇気がいることだった。オヤジから嫌味を言われたりしてね。そこで、バリバリの女装をしていくと、彼らは黙ってくれるし、店員も訳がわからないから、丁寧に扱う、という（笑）。

上野　女性性を資源に使った治外法権戦略ね。サバイバルの術としてそれはある。「あんたたち、この世界に入って来られないでしょ」というね。

湯山　治外法権女装戦術は、私はもう血肉化しているかも。若者のクラブでも、パリの三ツ星レストランでもこのモードで突破してますね。

武器としての文化資本

上野　文化資本もツールとして使えるわけだけど、あなたには文化資本もあったのよね。ある種の文化エリート。その中でも初期投資の大きい資本と小さい資本がある。音楽もピンからキリだけど、クラシック音楽は初期投資がすごく高くつきますよね。

湯山　そうですね。名をなすには、親のカネと時間を大きく投入しなければならない。

上野　あなたが子どものときにも、音楽の英才教育を受けたんじゃないの?

湯山　ピアノぐらいは一応。でも、ウチの父は、自分以外のピアノの音が家で鳴っているのがダメで、練習すると怒るんですよ。逆にそこを突破するガッツがあれば、親も考えただろうけど、私は、サボることばかり考えていた。

上野　そうか、それであなたはサブカルチャーシーンで優位に立つことを選んだのね。

湯山　サブカルもアングラも大好きだった。小学校で読んだ白土三平然り、漫画の存在は大きかったですね。また当時は雑誌がおもしろかったんで、ハマっていました。

上野　宮台真司《みやだいしんじ》さんと同世代なら、いわゆるオタク。サブカルを論じることが政治を論じることと同じになる、という世代の走りね。私たちとは、やっぱり世代的教養のパッケージが違う。例えば、私は自分の人生に大きな影響を与えた漫画って思いつくことができない。成長過程で漫画の存在が大きくなるのは、藤本由香里《ふじもとゆかり》さんから下の世代。彼女は三度の飯より漫画が好きで、浴びるように読み続け、漫画が自分の人格を形成したって。

湯山　ほとんど私も同じです。

上野　そうなのね。私たちの世代はまだ古い教養主義があるから、漫画は本の中に入ってなかった。漫画が文化資本として大きな価値を持つようになったのは、萩尾望都《はぎおもと》さんたちの24年組から。私が昭和23年生まれだから、同世代の女たちが表現者になって描いた作品を人格形成期に読んだ人たちは、一回り世代が下になる。彼女たちと同じ世代に属してる私は、共感はするけど、「これで人格形成しました」とはならない。でも、あとで読んで漫画というものにこれだけのことができるのかという驚きはありましたよ。

湯山　上野さん、24年組について論文を書かれてますよね。

上野　その裏話をするとね、私は漫画が生活習慣の中にはなく、肉体化してない。浴びるように読むということがないから、「読みます」って構えて漫画を読むわけ（笑）。そのハードルを下げてくれたのが、藤本由香里さんだったの。彼女は毎月漫画雑誌を３００冊読むんだというけど、玉石混淆《ぎょくせきこんこう》なわけね。で、彼女のところでスクリーニングし抜いたものを、うちに宅配便でドカンと送ってくるの。「読め！」って（笑）。そういう有難い人がいて、24年組をずいぶん読まされた。それで論文を書いたんだけど、つくづく思ったのは、女にとって言語と学問の世界ってハードルが高かったんだなということ。大学にずっといたから自分で思うけど、理論と教養の基礎体力を訓練して身につけないと、発言してはならない世界なのよ。

湯山　その空気は、文化系、アート系にもありますよ。そこの体力をなんで測るかというと、これまた東大神話が出てくる。

上野　「フーコーが」「ドゥルーズが」って、わかりもしないくせに言わないと、人は耳を傾けないことになってる。そうすると、表現者としては初期投資のいらない敷居の低い表現のほうが入りよい。しかも「売れれば官軍」で、成功と失敗がマーケットの原理ですごくはっきり出て、人為的な操作があまり入らないというわかりやすさもあるでしょ。24年組が出てきたとき、同世代で同じ時代を生きて、なぜこの道をと考えたら、「そうか。この人たちはこういう世界に自己表現の手段を見出して生き抜いてきたんだな」と思ったの。

湯山　表現上でとある到達点があって、そこに向かういくつかの方法論があった場合、こっちのほうが絶対にカネは儲かるし、人に届くとすれば、やっぱりそちらを選ぶのが人情ですよ。

上野　サブカルチャーにも、文化エリートと非エリートがいますよね。坂本龍一さんのように初期投資があって、それで花開いた才能と、初期投資がないところから成り上がってきた才能と。

湯山　矢沢永吉さんとかですね。

上野　忌野清志郎《いまわのきよしろう》さんも。あなたはどちらに入る？　中間ぐらい？

湯山　圧倒的に初期投資があったほうでしょうね。クラシックはもう血肉だし、バレエや映画や歌舞伎も日常にあったし。また死んじゃった友だちの深浦加奈子さんのことなんだけど、彼女と小学校のときにふざけて歌っていたのが、「ロマンローラン、ジッドリルッケ、カフカプルースト、ジョイス」というオリジナル戯歌。

上野　やっぱり暮らしの中に文化資本があったからね。特権的なポジションにいたんだと思いますよ。私は湯山玲子さんを『女ひとり寿司』で知ったけど、ご両親も別なルートで知って、あとで作曲家の湯山昭《あきら》さんと親子だとわかったとき、「この親にして」とジクソーパズルのピースが合った。やっぱり、文化資本が家庭の中にある環境で育ってる優位さはあるでしょ？

湯山　そう言われると否定できないけど、上野さんがよく「人並み」って言葉を使うでしょ。人並みじゃなきゃいけないという同調圧力って、日本の社会ですごく大きいじゃないですか。女たちなんて、その人並みプレッシャーで何もできなくなっちゃってますから。

上野　帰国子女と同じよね。山のように資本を持ってるけど、他人に見せちゃいけない。

湯山　まったくそのとおりで、山のように資本はあっても、作曲家なんてもともと人並みじゃない類《たぐい》ですよ。だから、幼稚園の頃から「ウチは違う」と自分に言い含めていました。これが人様に

上野　バレたらマズいことになる、と（笑）。外人みたいなもんですね、日本においての。

湯山　ムラの外人、ね。

上野　だから、３・11直後に避難したときも〝世間の人並み〟が読めずびっくりしたし。女子が「愛されたい」と内向的に悩んでいても、「何、言ってるの」としか思えない。私の本は、実はその「共感の薄さ」をモチーフにしている。私の育った環境を思うと、世間に居場所がない、とガタガタ悩むこと自体がもうお子ちゃますぎますよ！　家庭内は異様な〝表現者〟がいるんで、まったく油断できなかったし（笑）。もう、孤独がデフォルト。

家父長制と女／湯山玲子の場合

上野　おたくの親は家父長制じゃなかった？

湯山　家父長制でしたけど、母ちゃんというのが凄い女で、まったくそれに凹《へこ》まずに、いけしゃあしゃあと己の欲望を通す。一種の天才ですね。

上野　権力のない家父長制は家父長制と呼ばないのよ（笑）。

湯山　ならば、うちは大暴れしてガルガル言う父という動物を、母と祖母というパワフルで太い女が相手をしていた。男たるものの不在ですね。

上野　そのおバアちゃんは父の母で、妻にとっては姑？

湯山　そう。女二人はすごく仲が悪かった。家庭で仲がいいところを見たことないんですよ。うちの父親だけがギャーギャーと特権的に暴れていて、その〝子ども〟を女たちが宥《なだ》めすかして、この二人も仲が悪い。でも、良かったのは、この家族が皆、ネアカで、言葉で自己主張ができた人たちだった。

上野　そこに生まれたあなたという子は、パパにとって三人目のママになる可能性があるけど、あなたはどうなった？　パパと同じ二人目の子どもになったのかな。

湯山　いや、それが結婚した今、ちょっとタイプが違う二代目の父親になってるかもしれませんね。その暴れる感じがひどいですよね（笑）。

上野　パパっ子？

湯山　父は私のことが大好きですよ。祖母もそうでした。母親と私は、お互いリスペクトはしてるんだけど、感性と言語が全然違う。彼女は文化的というよりもめちゃ現実派で人情家。

上野　とってもリアルな女性じゃない。その人が一家を支えてきたんでしょ。パパの極道を許し、娘の放埒を許し。アタマ、上がらないじゃん。

湯山　そうなんです。うちがそういう感じなので、家族の形は何でもアリというのは、私には自明のことで……。だから、90年代から現在にかけての「理想的な家の在り方」への強制力が、こんなに強いのはなんでなんだろうと。子どもが「ウチの親はワタシを理解してくれない」って泣くけど、そんなもんは、当たり前だろう、と。父ちゃんのラブアフェアーも当たり前だったんで、なんでやっちゃいけないのと思ってますね。

上野　湯山家では親の不倫を子どもも知ってたの？

湯山　父親が誕生日に家に寿司屋を呼んで客にふるまったことがあったんだけど、そこにどうも好きな彼女を連れてきたらしい（笑）。

上野　まあ、ブルジョワの家庭ね。愛人がいて当たり前というのは。

湯山　そういう家なので、愛がなくなったら離婚するというのもよくわからないし。まあ、私としては、周りの同調圧力には自ら生きるために入門して、なんとなくやりくりしていますけどね。

上野　入門しても、適応のパフォーマンスはうまくできてなかったと思う。周囲はきっと同調してるなんて思ってないでしょう（笑）。あなたはやっぱりブラックシープ（黒い羊。集団内の逸脱者）ね。

湯山　わははは。自分で言っちゃうけど、性格の良さで許されてるんじゃないですかねぇー（笑）。

上野　それはあるかも。育ちの良さというか、他人に対してケチ臭いところがないわね。寛大さって人柄の良さ。世の中にはせこい人もいるから。そういう人を見ると、せこくないと生き延びられない環境にいなくてすんだ、自分の幸運を喜んだほうがいいと思う。あなたにはそういうせこさがないわね。

家父長制と女／上野千鶴子の場合

湯山　うちの父親はわがままだったんで、形としては家父長制なんですが、父《ふ》が立ってはいなかったし、会社員じゃなくずうっと家にいて、ピアノを弾いて作曲してた。だから私、男の集団社会たるものを知らなかったんですよ。

上野　その点はうちと似てる。父は開業医だったから、社会性がなくてね。組織というと医師会だけで、それもほとんど行かなかった。周りに来るのは彼に頭を下げる人たちばかりだから、すごくわがままだったの。母は、わがままな暴君の夫の顔色を見てた。あなたのとこのママは、夫に少しも服従してなかったわけね。

湯山　聞いてるふりして、まったく聞いてない戦法はお得意でしたよ。あとは、よく歌ってたな、二人とも。ミュージカルかってなもんで（笑）。やっぱり音楽が生活の中心にあるから、ちょっと変わってますよね。

上野　母親が完全に自立してたのを見てるから、家父長制を感じないですんだのね。うちは、わがままで理不尽な父がトップに立って、彼がたった一人、頭が上がんなかったのは、自分の母親だった。だから典型的なマザコンの家父長。あなたのところとは、理不尽な父がいても、権力を持ってるか持ってないか、の違いね（笑）。

湯山　「誰のおかげで食わせてやってるんだ」と、子どもに権力をふりかざしていましたけどね。

上野　あなたの人生を統制しようとした？　進路とか。

湯山　校舎がステキなカトリックの私立女子中学を受けたいって言ったときは、「うちにそんな余裕があるわけねえだろう、バカ！」と言われました（笑）。その一方で自分は、シャガールの版画を買ったり、スキー三昧《ざんまい》したりしてるのにですよ。自分が使うから、子どもにあんまりカネかけたくなかったんですよ。だから、進路については放任でした。弟がいるんですが、彼にもそう。子どもに興味がなかったんですね、二人とも。

上野　放任とは良かったですね。私の父は男兄弟二人を徹底的に統制しましたよ。父が進路を決めて、二人とも医学系に進学しました。でも、私は女だから治外法権。女だから、何しててもいいわけ。社会学みたいなわけのわからん無駄なガクモンしても。

湯山　でも、上野さんがさ、今の時代に生きてたら、統制されたでしょうね。昔と違って、女の子が〝資源〟になるわけじゃないですか。

上野　私が兄弟三人の中で一番成績が良かったから、バアさんと母親は「この子が医者になればいい」と言ってた。で、私は高3の最後まで理系進学クラスにいたの。それで地元の金沢大学には医学部があって、そこを受けようかと受験半年前まで思ってたんだけど、受けたが最後、何が待ってるか……自宅通学の6年間が待っている。

湯山　それ系の家だとキツそうですもんね。

上野　そう。どんなことがあっても、この家を出ねばと（笑）。経済的に苦労したことのない育ち方をしたせいだと人には言われるけど、医者になるレールを前に敷かれて、「一生、食いっぱぐれのない人生っつうのは、つまらんもんやなぁ」と思ってね。

湯山　18歳のときだったら、もう学生運動とかの影響もあったんでしょうね。

上野　それはない。大学へ入ったのが羽田闘争の年だったから、まだ学園闘争は起きていなかった。それに、地方の高校の鬱屈《うっくつ》した優等生に、そんな弾けるほどおもしろいことはなかったわよ。ただね、先の見通しが立ってしまうような人生はつまらんなぁと。父親は、兄弟たちには先の見通しの立たない人生は許さなかったけど、女だからどうでも良かったのね。

湯山　今だとラッキー、と思うけど、その男兄弟との差別感はやっぱりイヤな感じだな。

上野　なんで私にだけ期待がないわけって、一応、思ったわね。でもおかげさまで、結果的に自由を謳歌できた。あとになって、同じような職業を持った女たちと、「私たち、どうしてこういうことができたんだろうね」と話をしたのよ。女向きのライフコースを送った他の女たちとの違いは、逆説的に女だから統制を受けなかったことと、もう一つ、娘だから甘やかされて天井知らずにわがままだった（笑）。多くの女の子たちは、家庭で自分を抑えること、譲ることを学ぶのよ。でも私は、ガマンするという教育を受けなかったわけ。そこはあなたと同じでしょ。

湯山　同じです。と同時に両方ともオヤジが半端な家父長制だったからですよね（笑）。大会社を仕切る重役の父ならば、もっと確信的に、愛情ゆえに娘の生き方を巧妙に縛りそう。

上野　うん。他の女の子たちはもうちょっと、躾《しつ》けがよかった。自分を抑制するとか、三歩下がるとかを知ってた。私はガマンすることを学ばなかったせいで、あとでどんなに頭をぶつけたか。大変でしたよ。授業料、いっぱい払いました（笑）。それでも結果的に角《つの》を矯《た》めるわけにいかなかったのよね。

湯山　そりゃ、カカトの角質みたいなものですよ。歩くほどに硬くなる（笑）。

上野　でもさ、家を出てみたら、そこで出会う男たちがやっぱりミニオヤジだったわけじゃん。同志だと思った男たちが、左翼家父長制の旧男類だったからさ。「ブルータス、おまえもか」って、どいつも、こいつも。

「女の子の居場所は助手席」のウソ

湯山　私、甲子園とかで野球部の女子マネージャーが「○○クーン」ってハチミツレモン作って持っていく心理が、いまだによくわからないんですよ。サポート的な立場のマネージャーで輝こうとする女の子って、まだいますよね。あれ、私キライなんだよね。

上野　男に尽くして、愛されようというオプションが、あなたにはなかったのね。

湯山　プレイヤーになったほうが絶対おもしろいはずだもん。だけど、そういうふうに思わない女性は多いですね。

上野　それで思い出したんだけど、車の免許が出始めた頃、うちの親父は兄貴には学生時代に取らせたの。で、次は私だと待ってたら、飛ばされて、弟に取らせた。あまりに露骨なので、「なんで私には？」と聞いたら、「女の子の居場所は助手席です」と言われた。

湯山　お父さんが？　女の子には免許はいらないと？　それはわかりやすいですね。

上野　でしょ。それで助手席に座ってたら、隣では親父が冷や汗かきそうな感じで必死に運転してた(笑)。「運転って、大変な仕事なんだなぁ。助手席のほうがラクかな」とマジに思ったのよ。自分でも不思議でしょうがないんだけど。

湯山　あっ、でもその心持ちは、女の人生のいろんな局面で出てくるかもしれない。

上野　33歳で初めてアメリカに出て、免許がないと生きていけないから、取ったわけ。苦労して、苦労して、生まれて初めて運転して。アメリカって最初から路上教習なのよ。もうガチガチになって、「なんでこんなつらい思いをさせられなきゃいけないんだ。あのとき、なんで運転免許を取らせてくれなかったんだ」と親を恨んだ。でも、取ってしまったら、あれ？　こんなに簡単なものだったのかと（笑）。なんで運転席に座ってる男が、昔はあんな偉そうに見えたんだろうと思ってね。

湯山　その手のことって、世の中にいっぱいありますよ。やってみたら大したことないのに。会社の仕事だってそう。女のひとり寿司だって、どうってことなかったですよ。なんてことないものを、幻想で守って、ずっと男女の差をつけてた。もうバレバレだよ、そんなの。

上野　そう、やってみたらどうってことねえじゃん。やらせてみろよと（笑）。あなたの場合は、ブル転と女装が重なったときに、ジェンダーの仮装を自分でうまく利用できたと言いましたね。女装と自分との間に、折り合いの悪さはなかったの？

湯山　いや、そこがまったくない。ないどころか多くの快楽がある。

上野　そこが不思議。

湯山　文化の力だと思います。女性文化はもともと大好きなんですよ。バレエやリボンやフリルの世界が好きだったり、ファッションにしても、着飾らずにはいられない、という。

上野　だから私、あなたが女子校育ちだと最初の頃思ったのかな。

湯山　それに加えて、ブル転して、女装技術を学習しましたから。

上野　寄るな、触るなって女装なわけね。それでも寄ってくる男はいるでしょ。

湯山　いや、そうでもない（笑）。コレと思った男をオトすための積極的な手口女装ですよ。

上野　サブカルの世界って、男優位じゃない？　ロックにしろ、音楽は特にそうでしょ。

湯山　まあね。ただね、私はサブカルもマネージャー役ではなく、プレイヤーで入ったんです。ドラムをやってまして、けっこう、真面目にバンド活動してました。

上野　ボーカルとか、女の指定席じゃなかったんだ。

湯山　女の子バンドだったんだけど、そのときに空《あ》いてたポジションがドラムしかなくて。それに、最初から案外うまく叩けたんです。大学に入ってからも続けてて、学習院には当時プロっぽい女の子たちがけっこういたので、その子たちと組んで、ヤマハのコンテストとかの常連だった。ちなみに、高校のスタート時は、ランナウェイズのコピーバンド。下着姿で、「チェリーボム」って叫んでた。パンクの文脈から出てきたんだけど、実は商業主義の今のマドンナに一部通じるような格好で、女性性丸出しですよ。ロックの文脈的には、ニューヨークパンクの女王、パティ・スミスとかがいたんだけど、彼女たちの女性性否定が私には例のウザイ年上左翼文化系男と結託しているようにしか見えなくて。ブル転戦略には、商業主義のランナウェイズ上等ですよ。

上野　コルセット着けて、ミニスカ穿《は》いて？

湯山　もちろん。ただ、すぐ飽きちゃって、バンドはわりとすぐに音楽的な方向へ行きましたけど。

上野　女の子バンド、つまり女子校カルチャーだったのよね。男の子と一緒に組んでたら、女の子の指定席を与えられるんじゃないの？

湯山　私の場合は既に上手《うま》かったんで、セッションでいろんな男バンドに入ってましたよ。

上野　そうか。そのパワーがあったんだ。

湯山　うん、技術はあったかな。それで話を戻すと、ファッションという存在はすごく大きかった。ファッションって、自分のイメージを創りあげ、自分の魅力を自ら発掘して輝かせるものじゃないですか。だから、とても楽しんだし、今もそれが続いてますね。ブル転女装の意識は、最初だけで、あとはどんどん自分と服との関係に趣味的にハマっていく。

上野　当時は、どんな格好をしてたの？

湯山　バンドのとき以外は、完全にメジャーできれいな女子大生でしたよ。ハマトラ、ニュートラとサーファー。

上野　コンサバタイプだったのね。戦略的に？

湯山　そう、コンサバのほうがモテるし、コンサバにした私が、これまたセクシーでキレイなんですわ（笑）。

上野　コンサバで、バンドやってたの。

湯山　そこが複雑なところで。前にも言ったように、私、リア充と非リア充の間をブリッジしてたわけなんですが、その〝ブリッジ人生〟がまたこの時期マックスに発揮されていくんです。学習院大学って、本当にかわいい、女子アナみたいな子がいっぱいいて、それがメジャーだった。私、メジャーのパワーが好きだったから、メジャーに加担しつつも、サブカルもやってたわけです。

上野　二重生活をやってるという自覚はあった？

湯山　もちろん！　カジュアル一本でどこでも出入りできる今と違って、当時はカルチャージャンルにドレスコードが厳然とありましたから、いつでも紙袋持参ですよ。サーファーディスコから一人抜けて、渋谷のニューウェーブカフェ「ナイロン１００％」に行くときは、トイレで全身黒のギャルソン系に着替えて、段カットをターバンで押さえ込んでた。着替え上等の二重生活。

上野　まるで東電ＯＬね（笑）。

湯山　そうそう、健康的な東電ＯＬ。おもしろかったなぁ。

上野　じゃあ、双方の人脈は重ならないわけね。でも、こっちがあるから、あっちで生きられて、あっちがあるから、こっちで生きられて……。両方に言えることね。

湯山　私は、まさにその生き方が今後の女のサバイバルに必要だと思うんです。多面性、多重人格を持ったほうがいいと。私の場合は、育った家が変わってたから、まともな外部の世界で生きるためのバイリンガル能力が、もともと訓練されていたのかもしれないですが。

上野　マルチ生活ですね。田舎の高校生にその選択肢はなかったな。

湯山　私、「夜遊び推進派」とも言われてるんですが（笑）、昼と夜は別の顔という東電ＯＬ的生活を、上手にやったほうがいい。例えば、土日の夜だけ違う人格で遊ぶと言っても、それだってれっきとした自分にすればいいんですよ。

上野　それは80年代に女子大生をやってた人たちの特権じゃないかな。香山リカさんが同じことを言ってた。六本木に出入りしてたり、80年代サブカルシーンでの裏の生活を持ってたから、やっと生き延びられた、みたいなことをね。

湯山　そう、他人に秘密を持つんですよ。それが大人になる第一歩。でも、そんな楽しい秘密でも耐えられない若い子も多いかもね。なぜって、ウソはいけない、ってテレビや親に言われているから。「表裏のないシンプルな生き方をしたい」って。そりゃ、そうだけど、それは晩年ぐらいになってからでいいんじゃないの、と思います。

第2章

3・11以前のリア充女のサバイバル❷

「女を排除する論理」を目の当たりにした会社員生活

上野　大学を卒業してから、すぐにぴあに入ったのよね。何年、働いてた？

湯山　なんと13年も。

上野　長いですねえ！

湯山　本気で会社員してました。当時、リクルート、パルコ、ぴあは、文系女子の三大人気企業だったんですよ。男女雇用機会均等法の前で、女子の就職なんてそれこそお茶汲みしかないときに、男女差別のない給与体系の会社に、高倍率の中をラッキーにも入りました。説明会が型破りで「朝まで生テレビ！」みたいだったんですよ（笑）。社長や専務が会社のあり方についてティーチインするのを聞くという、リベラルな雰囲気も気に入ってた。だけどそれが、80年代、バブルでカネが入って拡大発展するとともにどんどん官僚化、つまり自分たちの組織を守るのが目的という体質に変わっていったんです。学生運動をやってた人も多かったのに、10年でこんなになるのかって、ビックリしましたよ。

上野　ぴあの前身である『アルバイトニュース』を発行してた学生援護会は、もともと学生運動の中の暴力学生さんたちの食い扶持《ぶち》でした。それが次第にベンチャーになり、情報産業になって成長した。エスタブリッシュメント企業になったら、ただのオヤジ会社になったってわけ？

湯山　そう。そのプロセスをつぶさに見ました。フェミニズムにも抵触するんですが、どんな気風であれ、男が集団になるとどうも女を排除する傾向にある。ぴあは実力主義だったのに、それでも自然にその排除の力学が働いた。典型的な例でね、早稲田のフェミニズム闘士だった女性が、少子化が騒がれる前に、子ども向けの情報誌を創刊したんです。彼女らしいいい内容のものだったのですが、この雑誌に潜在力がある、となった途端、広告部が、「売れない」「広告がまったく入らない」と文句を言い、部のヘッドが彼女を自分の子飼いの人間にすげ替えようとした。そんなことを当の女性も他の人間も言っていました。

上野　すごく男らしい行動ね。縄張り行動とは、わかりやすい。

湯山　そうしたことがバンバン勃発してました。

上野　最終的には社内権力闘争になるのね。ぴあにいたのは、何年から何年でした？

湯山　82年から95年です。

上野　バブルのまっ最中のしかも上り坂のときにいたんだ。いい思いしました？

湯山　辞めたのは、バブルが弾けてちょっと経ってからだけど、上り坂の頃はいい思いしましたね。チャンスが多かった。誰かに何かを教えてもらえる環境ではなかったけど、とにかくカネとチャンスがあったから、一冊３０００万円の予算の本が作れてました。辞めようかなと思うと人事異動があって、「今度はカード事業を始めるから」という新規事業スタートもあって、実地のビジネス学校みたいな感じで。イベント運営だったり、新しいことが目の前にチラつくんで、辞められなかったですね。

上野　それに女性をどんどん人材活用してくれたでしょ。

湯山　そうですね。逆風もすごかったけど。

上野　あなたは子ども向け情報誌を作った人のようには潰されなかったの？

湯山　私は人望がなかった（笑）。そんな動きもあったらしいんですが、社長が「アイツはダメだ」と言ったとか。今思えば、そのカンは素晴らしい（笑）。まあ、便利な人だったんでしょうね。

上野　人とつるまないから、派閥を作らないタイプだったとか。

湯山　当時は、全共闘男が嫌いだったから、そういう男の人の中に入って愛嬌をふりまくこともなかったですね。まだ、ブル転女装バリバリでしたし。

上野　便利だけど、脅威にはならなかったのね。そんな楽しい会社を、なんで辞めようと思ったの？

湯山　そのうちにバブルも終わり、自分は管理職への道が見え、会社自体ものすごくコンサバになった。そんな中で居心地も悪くなって。実は、ぴあにいながら、『ＳＷＩＴＣＨ』というカルチャー誌とも仲が良かったので、いい頃合いかなと。

おカネと研究、おカネと文化における「黒いネコと白いネコ」

上野　そうすると、完全フリーになったのは35歳ぐらい？　そこで組織の皮を脱いだわけだけど、フリーランスになってみてどうでした？

湯山　あの会社が良かったのは、編集部レベルの意識として、ものすごくカネ勘定をやらされたことだったんです。一般的に出版社は大手の老舗ほどその点が立ち後れていたんですけど、ぴあでは「カネが第一」という意識をたたき込まれる。本をやるにも、完全に利益採算件。今はそうなってきてると思いますけど、当時は「いいものを作れば、数はあとからついてくる（はず）」というどんぶり勘定の出版社がほとんどだった中で、違うところにいたんです。

上野　採算性を度外視して「いいものを」なんて言ってたら、アーティストになれても、経営者にはなれないわね。

湯山　だからフリーになっても、コスト管理ができたし、一つのプロジェクト全体が見えるというディレクター感覚をぴあで習ったから、最初からガンガン食えました。パッケージで持ってきて、広告も取れて。今思えば、ぴあは素晴らしい学校だった。

上野　クリエイターよりはプロデューサーだったんだ。回顧的に思うと、バブルのときは私もおもしろいことがいっぱいあった。西武の仕事をやってたんだけど、成長期だったから資金を潤沢に使わせてくれてね。ほかにもシンクタンクのブレインストーミングをやってて、「上野さん、あんたのやってること、オレらと同じでしょ。教師なんか辞めて、独立してコンサルでやっていけるよ」ってよくそそのかされたの。周囲にフリーになる人たちもいたんだけど、バブルが弾けて、淘汰された人もいる。90年代になってから不況の10年間を生き延びた人と生き延びてない人の差があるよね。

湯山　特にあのとき、女マーケティングの時代と言われて、言っちゃ悪いけど、雨後の筍がたくさん出ましたからね。

上野　私は冷静で辛辣《しんらつ》な観察家だから、周囲をジーッと見てはっきりわかったことは、独立すると仕事が荒れる。自分で事務所を回さなきゃいけなくなったら、仕事のクオリティが下がるし、くり返しが増える。それで、給料取りを降りまいと思ったわけ。

湯山　ああ、それはわかる。

上野　仕事を選ぶ一番基本的な条件は、イヤな仕事にノーが言えるということだと思うの。これも回顧談だけど、80年代の終わり、バブリーな資金で研究費をいくらでも出してくれるところが二つあった。一つが電力会社。もう一つがサラ金業界。

湯山　それ、すごくリアル。具体的にはどういう研究になるんですか？

上野　サラ金業界は、当時の規制緩和でどんどん伸びてたんだけど、求められた調査は、初見の客を対象に、いくつかのチェックポイントで踏み倒す確率がわかるか、という研究。それを、心理学者や精神科医、社会学者でやるわけ。

湯山　結果が見たい（笑）。じゃあ、電力会社は？

上野　「迷惑施設の研究」というテーマ。迷惑施設というのは、原発関連施設の婉曲表現で、産業廃棄物処理場だったり、迷惑施設を作るときの地域コミュニティの反応、誰が反対派に回ってどういう動きをするか、という研究なのよ。そうしたプロジェクトの話が回って来てたの。しかも研究費はものすごく潤沢。学者としては喉《のど》から手が出るほど欲しい。だけど、関西電力の調査をやろうかと思ったときに、私の周囲の良き友人たちが、「あんたがそれをやったら、一生付き合ってやんない」と言ったの。それで私はキャリアを汚さずにすんだ（笑）。

湯山　この手の話は、ホントに人を二分するなあ。

上野　カネには釣られない、ぐらいの矜持《きょうじ》はあったよ（笑）。鄧小平が改革解放政策の中で、「白いネコも黒いネコも、ネズミを捕るのが良いネコだ」と言ったことがある。マネーロンダリングすりゃ、カネの出どころはどうでもいい、要するに善用すればよし、と。そうは言っても、ポリシー上、手を出さないカネは私にもいくつかある。笹川マネーとかね。そうやって潤沢な研究費という名目で、いろんな研究者を買おうという悪魔の囁《ささや》きが、そこら中にあった時代でしたね。

湯山　私、そこには相反する感情もあったんですよ。極道的な人生観かもしれないけど、人生ってきれいごとじゃないというのもあるでしょ。当時、ぴあにいたとき、ピカレスク的なニヒリズムに酔ったこともありますよ。きれいなおカネだけを取るんじゃなくて、「おカネが回ってくるなら、少々のことには目をつぶって」という感覚はあった。

上野　そこは経営者感覚かもしれませんね。実際に、やったことあった?

湯山　クライアントのためならば、どんな駄作やダメサービスに対しても全能力使って、それらが売れる仕掛けを作る、とかですね。しかし、上野さんのように、電力やサラ金のおいしい話は来なかったですよ（笑）。

上野　それほどおいしい話が来なかったということは、まだその頃は、おいしいおカネのほうが、湯山さんを利用価値があるとは見てなかったということね。当時は、たくさんの文化人が、そういうカネに手を出したのよ。手を出したら、あとはズブズブになっていく。勝間和代さんもC

M出演で原発マネーに買われましたね。

湯山　東電ですよね。原発事故の直後の「朝生」の彼女には、ぶったまげたもの。

上野　コマーシャルに出てくれと大金を積まれて、なんでこの程度の出演にこんなに貰えるのと思っても、くれるというものを断る理由はないとハマっていくのね。でも、どこかで線を引かなきゃいけないのよ。黒い噂のある財団が、すごくいい福祉活動に資金援助してる場合もあるし、自分なりの線引きとモラルを持たないとね。

「泥にまみれておカネを取る」というニヒリズム

湯山　私の場合は雑誌に外部編集者として多く関わっていて、悪いおカネではないんだけど、タイアップの編集広告企画は得意でしたね。広告が編集的なクリエイションにも侵食する手法の中に、自分の発言場所を持ってたわけです。例えば、「有名アーティストの○○が自分のイメージアップのためにおカネを出すから、滞在先のロサンゼルスに行って、本人のインタビューをとって載せる」というような企画に対して、私は推進派だった。編集のフリをしているけれど、完全にクライアントありきの広告マインドで版元も出広者ももちろん読者も満足するページを作る、というノウハウがあったから一人立ちもできたし。だから、文化においては、ちょっと恥ずかしい出自があります。

上野　80年代はそういう時代でしたよね。企業収益が高く、広告もたくさん入った。それに文化ってある種の極道だから、収益性が上がらなくてもよしとするところがあるでしょ。極端な言い方をすれば、どぶにおカネを捨てるような。どっちみち世間の役に立たないことをやるんだからという極道意識、デカダンスとニヒリズムもあるでしょうね。

湯山　それに加えて、きれいごとばかり言っている大手の雑誌編集者への反骨もあった。

上野　極道意識が全然ない文化というのも清く正し過ぎて、おもしろくないけどね。その上で聞くけど、企業とタイアップだけじゃなく、冠イベントもいっぱいありましたね。キリンやサントリー、資生堂といった、文化的な関心の強い企業が、文化事業におカネを出してました。ああいうときに、もし「黒いネコ」的企業がおカネを出してくれると言うなら、どこでもいいから貰っておこうという気になったと思う?

湯山　文化の話は難しいな……。また父の話になりますが、父はたまたま作曲一本で食えてたんですが、それが彼の誇りなんですよ。どこかの教授にならなくても、自分が作った音楽を人が買ってくれて、生活できたと。彼は子どものためのピアノ曲、童謡や合唱曲というニッチを見つけ、そのマーケットで大成功した。完全に自分の才能を商売にできたんですが、クラシック界から見たときのそのカッコ悪さも背負ってました。なぜならば、非商業的で前衛的な作曲家は

上野　交響曲の委嘱作曲があるのだけど、彼にはその機会がほとんどなかった。屈折があるのね。

湯山　そう。だから、「泥にまみれて、カネを取ってやる」という姿勢が、自分の中でカッコ良いものとしてある気がします。こんなに遊び回っている女の私の中にも、何とまだ戦後の土建屋のオヤジがいるってことです。そう考えると、私がもっと偉いポジションにいて、東電資金でフエスをやるという話があったら、ノーと言えたかどうか。それも含めて、3・11以降の状況がイヤなんだろうな。

クリエイティブの世界も、学歴偏重のオヤジ社会

湯山　仕事を通じてはっきりわかったのは、広告の世界って、クリエイティブといっても東大エリート主義のような学歴および大会社偏重のスタンスです。大手代理店を出てフリーになっても、天下りのようにチャンスを独占できる。まるで官僚システムのようにね。

上野　誰がその優位性を与えるの？

湯山　大衆もそうなんでしょうけど、広告の世界って、東大よりも難しい電通や博報堂のクリエイティブ部門に入った瞬間に、その人たちしか出られないコンペに参加できますからね。大きなお

カネゆえの大衆への影響力を持って、頂点に立てるわけです。

上野　電通や博報堂という企業が、文化ビジネスを仕切っているわけね。彼らもやっぱり、学歴偏重のオヤジ会社。

湯山　ええ。そうやってチャンスを貰って世の中に出て来たクリエイターに対して、同業種の人たちはもちろん、一般の人たちも彼らに賛成の一票を投じる。電通卒の肩書きを持った某デザイナーが、限定のコンペに勝って、テレビのおかげで一般にも有名になる、という構図は、〝東大のご威光〟が下々まで浸透してるのと同じ原理ですね。

上野　大手の広告代理店がメディアを買ってるから、やっぱり目に留まる率が高まるし、マスメディアでは他にクリエイターが山ほどいても、そういう人たちしか目に入んなくなるんじゃないの？　私は思うんだけど、80年代に中森明夫《なかもりあきお》さんあたりが出てから、ポップカルチャーがサブカルになって、オタク系の人たちが、マスには出て来ない、自分たちの独自メディアを作ったでしょ。そこはもう、学歴の関係ない世界じゃない。

湯山　実力と人気。どれだけ売れて支持されているか、という実力の前では学歴は関係ありませんからね。もちろん、そういう実力者もいる。

上野　私、サブカルに弱いんだけど、ほら、『エヴァ』を作った人なんて、学歴ないよね。

湯山　庵野《あんの》秀明《ひであき》さんですね、『新世紀エヴァンゲリオン』の。

上野　『エヴァ』の人気が出始めた頃、私は、東大に移ってちょっと経ったぐらいだったんですが、東大生ってやっぱり守りの姿勢なのよ。就職も当時はそんなに難しくなかったから、能力とは関係なく、学歴だけでブランド企業に売れていくわけ。そこで、私、彼らに悪態をついてた。その頃の日本が世界に誇れる輸出産業はコンテンツ産業、つまり、アニメ、漫画といった情報コンテンツだけ。「あんたたちはそれを作る側には決して回れない。せいぜい売る側にしかなれない。クリエイターになるような人たちは、私の前には現れない」って（笑）。

湯山　いや、売る側も今の偏差値エリートたちはできなさそう（笑）。あの世界も人間関係巧者じゃないと。

上野　彼らが就職する企業は、輸出契約を結ぶようなビッグビジネスではあるけどね。

湯山　たしかに、オタクはすごい快挙です。学歴偏重社会をものともしない。

上野　いわゆる学歴エリートから軽蔑されてた漫画とか、サブカルとか、そういう世界の中からヒーローが出てきて、実際にビッグビジネスになっていったわけでしょ。90年代に入ってからは、「メイド・イン・ジャパン」という看板を外しても流通する、ほとんど唯一の世界商品になったしね。

3・11以降明らかになった、クリエイターの誤謬

上野　あなたは80年代から、文化系まわりで、ディレクター、編集者として動いていて、その当時は広告ビジネスに結びついてたわけね。

湯山　当時は、広告やマーケティングの力がものすごく大きくなっていったときですからね。それまでだったら、編集は編集者がおもしろいことを純粋に取り上げていればよかったのに、例えば「味噌汁の良し悪し」みたいなテーマがあったとき、どんどんカネの力が強くなって、「クライアントがおカネを出すから、そのクライアントの味噌だけのことをやってください」ということになった。広告と雑誌編集が結託し始めた時代の中心にいた。

上野　だから、紙一重で東電に買われたかもしれないという思いがあるわけね。

湯山　そうなんです。この消費社会でメディア関係のプロデューサーやディレクター的な仕事をしている人は、かつてもこれからも、その紙一重を仕事にしていかなければならない。3・11以降、広告代理店のクリエイターたちの心中はいかばかりか、と。

上野　広告業界には東電マネーに買われてた人たちが、山のようにいる。そういう人たちは、今どうしてるんだろう。反省した形跡はあるの？

湯山　ツイッターなんかでは原発に関して一言も言わないんだけど、こぞってポップな「東北支援」

を謳《うた》うという動きは目立ったかな。自己反省しろとは言わないけど、私だったら沈黙するだろうな、と。

上野　その怒りが、政治へのロックを外したのね。

湯山　そうなんですよ。仕事と立場はしょうがない。あの惨事を見て、いてもたってもいられない、というのもわかる。でも、見事に原発は避けている。

上野　過去に自分がやったことは、見なかったことにしてるの？

湯山　東電のおカネが流れてきて、それは大いに彼らのこれまでの豊かな生活を成り立たせてもいたわけなんだけど、触れませんね。

上野　自覚はあるから、沈黙してるのね。

湯山　ええ。東北支援はラウドボイスですけどね。大手の広告クリエイターの中には本当に才能とアイデアがあって、広告文化として世の中をいい方向に変えよう、などと本気で考えている人も多いんだけど、3・11以降は彼らにどういう顔して会ったらいいのかわかりませんね。

上野　なるほどね。でも、風向きが変わったら、その人たちはどうなるの？　今の「脱原発」は、一過性の風だと思って、しのいでるとしたら、風向きが元に戻ったら、あたかも何もなかったかのようにふるまうのかしら。原発事故だって収束宣言がもう出てるし。

湯山　もちろん、彼らは大人なんでそういう計算も働いているでしょうね。しかし、あれから時間がたって、一つのメディアや会社の中にもノイズがまぎれ込むようになった。NHKや産経新聞でさえ、アチラに行ったりコチラに行ったりしている。だから彼らも今は横目で見ながら、慎重にしてるんだと思う。

上野　芸能ビジネスもそうね。そう言えば、あるタレントが脱原発を言っただけで仕事を干されたとか。芸能界は今でもそうなの？

湯山　俳優の山本太郎さんのことですね。彼は、それが原因で仕事を干されたといって、事務所にも迷惑がかかるから、と辞めてしまいました。ただ、あれだけの人数のデモがあった今、空気は変わっていますよね。だって、吉永小百合さん、西田敏行さんみたいな大物俳優が堂々と反原発を言ってますから、今、やっぱりおもしろいかたちにはなってると思いますね。

上野　なるほど。タレントさん個人は思想・信条の自由があっても、プロダクションとしては言えないってことかも。広告業界にも反原発があるとは知りませんでした。

湯山　東電が出していた、莫大な広告費はなくなるだろうし、テレビタレントが、広告のキャラに抜擢されてウハウハという時代も、なくなりつつあるし、芸能人は本当にタレント＝才能を消費者に向けて売って行かなければならないから、大変ですよ。もともと、3・11は、インターネットによるテレビの広告媒体としての危機的状況に覆いかぶさるように起こったので、本当に広告業界は大変だと思う。とはいえ、お前は沈黙すべきところだろう、というところで、以前と変わらぬ、ヒューマンなメッセージをツイッターで投げかける、ある意味の太さがイヤだなあ。

上野　それを言ったら、敗戦のときもそうでしたよ。昨日まで鬼畜米英と言ってた人が、突然、民主主義者に変わった。それを子どもたちは自分の目で見たんだから。私はまだ生まれてませんけど（笑）。今の話を聞いて、あなたが釈然としないものを肌で感じて、怒ってるのはよくわかりました。

第3章

女と女の溝、女と男の溝

「フェミでも、オシャレしていいんですか？」

湯山　実は私、高校時代にフェミニズムの女たちに会ってるんです。俵萠子《たわらもえこ》さんの娘さんが高校の同級生で、萠子さんが革新自由連合公認で参議院選挙に出たときに、お茶汲みでイベントを手伝ったことがあったんですよ。

上野　中山千夏《ちなつ》ちゃんを押し出したのと同じ、あの革自連ね。あなた、選挙運動もやってたの？

湯山　何でも首をつっこんでたなー（笑）。ブル転したあとも、例のジャンルをブリッジする性格のもと『ニューミュージック・マガジン』なんかを読んでたんですが、歌手でもあった中山千夏さんも大好きで。それで、ミーハーな気持ちでお手伝いを。

上野　まだ選挙権はない年齢だったでしょ。

湯山　高校2年でした。でも、ほら、心には小学校のときに刷り込まれた共闘スピリットが残ってたんですよ。

上野　都立高の生徒としては、そういうことって珍しくなかったの？

湯山　珍しくはなかったですね。おもしろいなって子は、左翼がかってたし。ジャズ喫茶で、アルバート・アイラーを聴いたりするような文化系って、言説は左翼ですからね。

上野　地方の公立高校には、そういった文化資本はなかったわね。おもしろいことがあまりなかったもん。おまけに、喫茶店や映画を観に行くことすら禁止されてた。こっそり行ってたけど（笑）。

湯山　でね、その政治運動のお手伝いをしていたときに、フェミニズムを主張していた学生のお姉さんたちにかわいがられたんです。だけど、その人たちがことごとくダメだった。カッコ悪いし、センスがなくて。

上野　すっぴん、Tシャツ、ジーパンの人たちだった？

湯山　そうそう。私をかわいがってくれるんだけど、知的体力にも乏しく、何にも知らなくて。彼氏の影響で、革自連に出入りしてる感じ。

上野　革自連はそうかもしれないけど。フェミ系の女は、彼氏の影響なんか受けませんよ。

湯山　でも、その彼女たちが自分たちで「フェミニズム」と言ってたんですよ。大学時代に小さい出版社でバイトしていたときもそう。それ系の女性編集者がなぜか私をかわいがってくれて、お酒を飲むと、「やっぱ、男ってぇ〜」と彼氏の話をし始める。私はそのとき、ほとんど処女みたいなモンでしたが、彼女たちの乙女チックな恋愛話を聞くたびにバカなのか……と。それで私、フェミな人たちが嫌いになっちゃったんですよ。それより、サーフボード抱えてたり、ディスコで踊ったりする、さばけてる女たちのほうがカッコいいわと。

上野　その革自連の女たちは性的には自由だった？

湯山　いや、そこは冒険しない、というか。男を待つ妻になるようなタイプに見えたな。

上野　はっきり言って、男がやってる運動に付きまとう女なんて、そうに決まってる。左翼男って家父長制なだけだからさ。戦前から、「共産党、家に帰れば天皇制」という川柳があるぐらいで。戦後の労働運動でも、「猛烈サラリーマンはカネと会社のためだが、組合運動の活動家は革命と大義のために、妻と家庭を顧みない。妻を足蹴にして開き直るという点では、組合活動家の妻のほうが仕事中毒の夫を持った妻よりワリが悪い」とさえ言われた。だから、その女の人たちは、フェミの女には思えないけど。

湯山　そうか、彼女たちは自称・フェミだったんだ。

上野　あの頃は、女性解放運動の「リブ」という言葉がネガティブワードになって、〝I'm not lib, but...〟という露払いの表現があったの。「私はリブではありませんが」と言うところへ、「フエミニズム」という舌を噛みそうなカタカナ言葉が外来語で入ってきた。フェミニズムが、新しいニュートラルな言葉に聞こえた時期があったのね。フェミに関しては、誤解の連続なんだけど、当時フェミって自称した人たちは、リブと差別化して、「あの人たちと私は違う」ということを言いたかったのかもしれないな。

湯山　ああ、そういうニュアンスだったかもしれない。

上野　特に政治寄りの女は、化粧がタブー。アメリカと違って日本ではブラジャーはタブーにはならなかった。日本の女は乳首を見せるのが、キライ。乳首がタブーなのね。だからパッチ貼ったりして。アメリカから帰ったあと、私は、一時期、ノーブラでずっと過ごしてた（笑）。あるものを見せて何が悪いって。

湯山　やっぱりメークはダメなもんですか。

上野　メークとパンプスもウーマンリブにとってはタブーの記号。だからリブはダサかったのよ。それを揶揄《やゆ》したのが小倉千加子さん。「キライなもの、草木染の服を着る女」とばっさり（笑）。

湯山　わははは。「裸足《はだし》でステージに上がるアーティストがイヤ」と言った、元ピチカートファイブの野宮真貴の名言もある（笑）。

上野　私が80年代にフェミ系の論客として登場したとき、ケンゾーが一番好きだった。それで取材に来た人、何人もに、「フェミでも、オシャレしていいんですか？」と聞かれました（笑）。

湯山　その質問は、大多数の民意を表していますよ。

上野　私の場合も、メディア対策として訳あって女装してたんだけどさ。女装しながら、えぐいことを言う（笑）。女装だって、使えるものは使えばいいのよ。

湯山　ふふふ。ブル転女装でも上野女装でも、「ネズミを捕るネコはいいネコだ」ってことですよね。

エコ系フェミニスト、母性礼賛系フェミニストとの相性

上野　広瀬隆さんの本とともに、あの当時でもう一つ思い出すのは、女たちの間でバァーッと口コミで広がったエコ系の本ね。チェルノブイリの原発事故の翌年に書かれた、甘蔗珠恵子《かんしゃたえこ》さんの『まだ、まにあうのなら――私の書いたいちばん長い手紙』。草の根のミニコミ系で拡がった情報なんですが、ご存じない？

湯山　ミニコミ、まったくこれまでの人生に関わってませんね。

上野　あなたはサブカル系に強く、私はミニコミ系に強いのね。反原発運動のなかで、この『まだ、まにあうのなら』という小冊子は、口コミだけで当時50万部も売れたのよ。タイトルにも、すごい危機感がある。それでも当時、チェルノブイリは対岸の火事だという気分があった。たし

かに放射性物質は偏西風で全世界を回ったけど。事故のあった年を86年とはっきり覚えてるのは、「86年産のワインは飲まない」と決めてたからなんだけど、そうは言いつつも、ヨーロッパ産は飲まなくても、日本の86年産ワインは平気で飲んでた。危機感はあったけれども、日本はまだ大丈夫みたいなところがあった。湯山さんが、エコ系フェミから距離を置いてたのは、何故？　その革自連の女性たちの影響？

湯山　いやもう、エコフェミは、イルカクジラに入れあげておかしなことになっている女だとか、草木染系と地続きで、女装上等の私と合うわけがない（笑）。そういえば、俵萠子さん関係で小沢遼子《りょうこ》さんの講演を聞きに行ったことがあるんですが、小沢さんの話すことにはすごく感動しました。

上野　小沢さん、カッコ良かったでしょ。当時からオシャレだったしね。

湯山　いい女だった。すごいスパッとしてて、きれいだし。ただ、ほかがひどかった。あと、母性系も根深くあるじゃないですか。

上野　それもエコフェミね。

湯山　私、あの系統もダメだったんです。母性系は「女は母が一番。遊び呆《ほう》けてはいけない」っていう正論があるからね。

上野　私も、小異について大同を離れてしまって、エコには行きませんでした。距離を置いてしまったことを反省しています。湯山さんの場合は、出会いが悪かったせいで、フェミから離れたのね。

湯山　消費によって女が上位に行くほうが、自分にとって現実的に手っとり早かったんですよ。しかし、フェミからは離れたけれど内部化はしていました。あまりにもカッコ悪い運動フェミ女たちのおかげで、存在を嫌った、というのはあるけど。

上野　フェミニズムに拒否感を持つ人には二種類ある。フェミのように正面突破すると、世の中ではこんな目に遭うんだと、その背中を見て学習し、迂回路を見つけて、フェミには共感を持ちながら距離を置く人たち。もう一つは、フェミに対立する側に、自分の居場所を見つける人たち。

湯山　フェミに対立する立場、というのは、今でも能力ある女性の仕事人に少なくないですね。私もそのモードでしたが、それはいささかフェミを誤解している。フェミにも多様性があって、今はもう「私にとって使えるフェミは、良いフェミ」状態。実際、フェミはけっこう役に立つんですよ（笑）。

上野　あなた、左翼だものね。左翼の女は、左翼の男に対する痛い失望感からフェミになるの（笑）。

湯山　いいとこ取りの左翼男たちを許さなかった意味では、より純粋左翼でしたわ（笑）。一時期、保守派の「人間が考えつく理念なんていうものは、ロクなモノじゃない。人間の歴史から生ずる叡智《えいち》というものがあって、そこを信じるのが保守」というのにクラッときたけど、現在の女の問題は絶対ソレだと解決しないし。まあ、自分は確実に保守ではないでしょう。ただ、フェミと言っても、母性礼賛系のフェミニズムは本当に苦手だったし、イルカとクジラ保護系エコロジストの女たちもちょっと……。しかしながら、今はこうした人たちも含め、もうちょっと女性に関しては、寛容でいる。

上野　これだけ多様な人が入ってくれれば、一色のカラーは薄れます。

「お母さん」への反発と大同小異

湯山　あるアンケートの結果を読んだんですが、そこには明らかに男女の意識の差が出てたんです。さ質問が、「近くに大きな工場がある地域に家を買ったが、住み始めてから公害が発生した。さて、どうするか」というもので、男性に多いのが「そこで公害にまみれながら、会社に勤め続け、我慢して生きる」という主旨の回答。女性は、「別の場所に引っ越す」というのが多かったんです。女の人は思ったよりも高い割合で、「とっとと逃げる」と答えてた。実感からしても、その通りですね。

上野　男性はあまり自分の生活を変えようとはしませんね。原発事故への反応でも、男女差があった。いち早く子どもを連れて逃げた妻、避難した妻を非難する夫と、いろいろありました。あなたの夫のように、勇んで前線に出かけていく男とか（笑）。

湯山　場所を縄張りのように思うのは、オスの動物特性なんですかね（笑）。

上野　なかでも一番わかりやすかったのは、子持ちの女の人たちの行動だった。ただ、夫たちとの間には、温度差がすごくあって、それが夫婦に亀裂をもたらしたという話もある。私は子持ちの女性たちの行動に、感じるところがあるのよ。

湯山　放射能の危険にすぐ反応した人たちにですか？

上野　我が身とひきくらべてね……。私は広瀬隆も知っていたし、チェルノブイリの原発事故の影響も知っていた。いろんな人たちが原発の危険を唱えていることも、身近な人たちが愛媛県の伊《い》方《かた》原発の再開阻止のための座り込みをやってたことも、全部知っていた。でも、なぜ私がエコフェミにあれほど冷淡だったんだろうか……。

湯山　うん。

上野　3・11で、私がつくづく自責の念に囚《とら》われたのは、「私は知っていた」からなのよ。無知だったわけではないし、無知は私にとってエクスキューズにまったくならない。そうであるにもかかわらず、私は動こうとしなかった。そのことに、内心、忸怩《じくじ》たる思いがある。原発事故が起きて、大変つらかった。自分の中に引っ掛かってたものがあるから。

湯山　上野さんを止めてたものって、何だったんですか？
上野　チェルノブイリ事故後のエコフェミの動きに、甘蔗さんの本もそうなんだけど、「お母さん」という呼びかけがあったんですよ。
湯山　ああ、それかー。
上野　母性はやっぱり女を分断するのね。女を呼ぶのに、なぜ、言うに事欠いて「お母さん」と呼ぶのか。そう呼ばれただけで、「じゃあ、私は入ってないのか」となるじゃない。女性差別の中で最たるものは、子どもを産まなかった女に対する差別だから。女の中にも「女の上がり」は子どもを産むこと、母になることだという意識があるから、母にならなかった女は一生涯ハンパ者、未熟者、未完成品だというわけ。
湯山　「負け犬」問題ですね。
上野　私はフェミニズムをやってきて、何度も言われたのよ、「子どもを産まないあなたに、女の何がわかるのよ」と。子どもを産まないだけで、フェミニズムをやる資格がないって言われてるのと同じだった。
湯山　たしかに、エコがお母さんと結託すると、子どもを産まなかった女はその輪に入っていけないし、同時に、その人たちの代弁をしてあげるわけにもいかない。
上野　子どもをダシにしなくても、自分が大事と、どうして女には言えないんだろう、と。そんな棘《とげ》が刺さったばかりに、私は小異を立ててしまった。本来ならば、小異を捨てて大同につくべきだったのに。

湯山　子どもがいるかいないかは「小異」であるというのは、やっとこさ今の女性誌がそうなってきてはいます。

上野　集会に行ってさ、女を十把《じっぱ》一絡《ひとから》げにして「お母さん」と呼びかけられると、それだけでむかつくじゃん（笑）。私はここにいないわけか、となる。

強制モラルを強いる、母という役割

湯山　少子化が言われ出して以降の世の中の言説で、私がすごくイヤなのが、「子どものために」であったり「子どもの将来のために」ということが、あまりにも強調されていることなんです。大人であるあなたの幸せは、まずどうなんだと。日本では、大人が自分のために、トクな選択をすることが、憚《はばか》られるのか。そうまで、イイコでいたいのか、というね。自分の生き方を自分で決められなかったり、自分の欲望をきちっと見つめないでいたり、現状をうやむやにしてることとの責任転嫁に、「子どものために」を使ってる狡《ずる》さを感じるんですよ。

上野　子どものいる人といない人との間に、溝を作ってもいるしね。

湯山　一つの事例なんですが、原発事故の直後に「水道水がヤバい！」となったとき、知り合いの会社ではペットボトルで水が配られたんですね。それで何が起きたかと言うと、男も女も結婚してない人、子どものいない人が、子どものいる社員に自分の水を差し出した。

上野　これから産める女たちも？

湯山　そう。子どものいる人たちが心配するのを前に、自分の不安を口にしちゃいけないという雰囲気を感じて、自分たちから捧げたって言うんです。要は、「子どものために」という強制モラルが働いた。私が老いた姑を連れて避難したのも、言わば嫁としての強制モラルが、自分にはそれがまったくないと思ってても、そんなふうに強《し》いられる。本来なら、ネコを連れていくのが私なのに（笑）。

上野　あとで後ろ指を指されないためにね。あなたが言うとおり、誰しも自分をまず第一に考えて何が悪いのか。それに、将来の世代に責任を持たなきゃいけないのは、産んだあなたたちだけじゃない、ということよね。

湯山　はい。

上野　子どもがいるといないとで、切実さが違うと言われたら、「ははぁ〜」とひれ伏すしかないけど。実際、私は3・11直後にパニクって、子どもの手を引いて、新幹線で西に向かったわけでもないから。

湯山　でもね、お母さんの母性の根拠がどこにあるかという話も、最近出来たものじゃないですか。例えば、産業革命時のロンドンでは、産みっぱなしで、しょうがないから町中のどぶに捨てちゃったみたいなことが、まかり通ってた。

上野　それはかなり乱暴な言い方だけど（笑）。

湯山　つまりね、今は美しい物語が強化され過ぎていると思うんです。もちろん、自己犠牲で子どもを助ける母がいるのも事実。だけど、子どもを置いて満州から引き上げちゃった母というのも、それも悲しいかな、また人間の行動なんです。

上野　引き揚げみたいな極限状況では、子どもより自分が大事というのは、歴史的に見ても事実ですよ。

湯山　だから、やっぱり人それぞれなんですよ。お母さんが子どものために最優先にしなければならないというストーリーはお母さんもつらいと思うんですよ。最優先にしない「お母さん」は、まったく悪くない。現に私の母なんかは子どもより自分、という生き方をぶれずにしてくれたから、信用できる。

上野　あの「お母さん」という呼びかけは、絶対やめたほうがいいと思う。それに、子どものいる人でも、男親と女親の温度差がすごく大きい。子どもを守るのは女親の専売特許だと思われてて、男には関係ないみたいなことにもなってる。「お母さん」と言われたら、女親一人にだけ

湯山　責任がズッシリ掛かってくる。まるで日本中、母子家庭みたいね。「お父さん」と呼びかけた瞬間に、ソフトバンクの白い犬しかイメージできないし（笑）。

閉ざされた子育ての憂鬱をタックルで吹き飛ばす

上野　私は、ずっと女の問題をやってきて思うんだけど、子どもを抱えたら、女はそれだけで社会の中で最弱者になるんですよ。身体障害者と同じような。子育てをたった一人で抱えてる女も多い。しかも、昔よりも今のほうが子育てはもっと大変になってる。だって昔は、農家の主婦なら、子どもをひっ抱えて田んぼに出て、農作業の間は畦道《あぜみち》に赤ん坊を寝っ転がして、合間におっぱいをやって育てて、それですんでた。しかも周りに、ジイさんやバアさんといった人手が山のようにいたから、一人で育てることもなかった。育てる期間も短かったしね。かつてはそういう時代があったんだけど、それが全部、過去のものになった。

湯山　今じゃ、核家族ですからね。

上野　子どもを産んだ友だちを見ていたら、天国と地獄なのよね。子どもの微笑は天使のようだけど、火がついたように泣くと悪魔になる。「何度、殺そうと思ったか」って言うのも、他人事《ひとごと》じゃないって。私の友だちは、惚《ほ》れた男と結婚して、妊娠して出産し、3カ月間、生まれたばかりの赤ん坊と家にこもってた。それでとうとう4カ月目に、家の玄関で働きに出ようとする夫の足に両手でしがみついた。「あんたは、私とこの子を殺す気かー!」って。

湯山　その男の人、まったく何が起きてるのか、わかってなかったでしょうね。

上野　うん。このまま私を置いて出るんだったら、私はこの子を殺して心中するよと。

湯山　閉ざされた子育てって、それほど追い詰められちゃう。

上野　残念ながら、私もあなたもそれを実感できない。でも、私たちには想像力というものがある。だから、そういう気分になるのも無理はないって、思うじゃない。夫の足にしがみついた彼女、えらいと思うもの。ほとんどの女の人は、それをやんないのよ。夫に会社で出世してもらうほうがいいと思って。

湯山　その男性はどうしたんですか?

上野　その日、会社を休んだ。

湯山　妻と向き合ったわけだ。

上野　彼女は、夫に会社を休ませるだけのパワーを持ってたわけ。それで一日話し合って、結果、夫は会社を辞め、時間的にもうちょっと余裕のあるところに転職した。彼女はフリーのライターなんだけど、そのあとに会ったら、「貧乏になったけど、昔よりも夫婦関係、良くなったわよ。ガハハ」だって(笑)。

子どもかキャリアか。女の生き方を分けた百恵ちゃんと聖子ちゃん

上野　結婚したときに、家族を作る気はなかったの？

湯山　子ども？　正直言って、当時はなかったです。私の場合はラッキーな結婚で、結婚しても好きなことやれてたし、向こうの親も大賛成で夫もいい奴だったしで。

上野　結婚してやったの？　おかしいね（笑）。

湯山　切実に子どもが欲しいと思ったことは一度もなかったなぁ。それに私は、30代半ばでフリーになったんですが、その時点で子どもを持つことは、すなわちもう一線に戻れないことを意味したんですよ。フリーの足場が固まらないうちに出産で身動きがとれなくなれば、まわりの多くの同業女性のようにフェードアウトしてしまうと思った。すごく忙しい中で、次から次とおもしろい案件が来てたので、それをこなしてるこの足を止めたら、もうこの位置に戻って来られないだろうな、とも。だから、子どもを欲しいと思わなかったですね。

上野　結婚したら終わりだと思ったわけだ。

湯山　子どもを作ったらね。キャリアとして。

上野　結婚は墓場だと思わなくても、出産したら終わりだと思ってたのね。仕事か子どもか、どちらかしか選べなかった世代の最後かしら？

湯山　そうですね。そのあとだんだん変わってきましたけど。私たちは、山口百恵がマイクを置いてキャリアを捨て家庭に入ったのが美談だった世代です。私はそれを山口百恵の呪いと呼んでいる。厳密に言うと、百恵ちゃんよりちょっと年齢は下なんだけどね。まったく、彼女はヤラかしてくれましたよ。あれは私たちの世代の男子、女子ともに多大な影響を与えた。仕事をがんばったけど、燃焼し尽くして、その後未練なく家庭に入る、ああ、潔《いさぎよ》しと。このモデルは強固だった。

上野　仕事か家庭か、どちらかしか選べなかったんだよね。松田聖子まではまだ時間がある？

湯山　聖子は完全に下の世代。

上野　聖子は当然のように仕事を続けながら出産しましたね。自分の妊娠まで商品にしたものね。

湯山　彼女は大きな分岐でしたよね。それまでのカードが、全部、ひっくり返った。

上野　結婚しても、出産しても、自分を変えない。コスチュームも全然変えず。

湯山　あのレギュレーションはなかったですね、私のときには。

上野　「結婚も出産も私を変えませ～ん」というインパクトは、大きかったですね。

湯山　それでもって、今回は50代で再々婚。

上野　一時は、ずいぶんバッシングされましたね。

湯山　一時といわず、今でも男性としては、「俺はダメ」でしょう。

上野　私がかつて教えてた女子短大生たちが聖子世代だったんだけど、反応がすごくおもしろいのね。「聖子、大キライ。でも、私も聖子みたいになりそう」という感じだったから。

湯山　聖子の存在は、大きかったですよ。

披露宴でのパワーゲームで、オヤジの攻撃をいなす方法

湯山　私、姑息《こそく》にもね、結婚するときに、ある手口を使ったの。結婚は、何やかや言っても家が出てくるわけですよ。私は、嫁という形になる。その弊害を最小限にしたかったんですね。「そうは言っても、お前は嫁なんだ」という空気はまずは「○○家」と書かれる結婚式からだと思ったんで、そこに対策を講じた。うちの親も向こうの親も、その子のことは盛大にやりたいほうだったので……。

上野　リベラルな親なら、「結婚式はどうでもいいよ」じゃなかったの？

湯山　いや、リベラルではないですよ。リアル体制派。

上野　なるほど。姓はどうしたの？

湯山　相手の戸籍に入って、姓を変えてます。でも、戸籍以外では、湯山でずっと通してますから、義母もたまに「湯山さん」って呼んじゃうぐらい（笑）。で、披露宴なんですが、結局、結婚

はパワーゲームだという現実をわかっていたので、私はリア充確保の地ならしを、それはもう周到にやったんです。披露宴のご祝辞から、仕込みました。相手は勤め先が半官半民の建築系大カンパニーだから、当時はイケイケの大オトコ集団。こっちはぴあという新しい会社で、何かと弁が立つ、ネクタイをしない自由に見える人たちがいっぱい。

上野　異文化間の、国際結婚ね（笑）。

湯山　あちら側が何を言ってくるかだいたい想像がついたので、こちらのご発声をどうするかを考えて、最初にぶつけたのが、母の友だち、俵萠子先生ですよ。考えてみると、彼女はよく私の人生に出てきますよね。父とも仲が良かったんです。

上野　萠子さん、すごくカッコいい人だからね。

湯山　私も大好きだった。娘さんが同級生のときは、たまにお宅に泊まりに行っていて、男友だちもしくはボーイフレンドみたいな人との会話がステキだった。それで披露宴は、初《しょ》っぱなから夫の上司が案の定、「都市というものは〜」と立派なスピーチをぶち上げた。

上野　結婚式で？　ＫＹねえ（笑）。

湯山　そう。「彼は、会社の未来を背負って立つ人間です」みたいになっちゃったの。「そのために銃後の守りは奥さんがやって、いい家庭を作って」系のアプローチで来たわけです。私としては予想してましたから、「萠子、がんばってくれ」と心で念じ、俵さんを送り出しました。そうしたらのっけから、先方の発言を否定したの。「今、おっしゃいましたけども、玲子さんもぴあという会社で……」と、彼女なりの頭のいいユーモアのある言い方で、完全にそのおじさんの鼻を明かしてくれました。しかも最後の締めに、「どちらかと言えば、玲子さんの会社のほうが帰りが遅くなると思いますから、旦那さん、料理を作って、待っててください」と、言ってくれた！

上野　萠子さん、素晴らしい！

湯山　「グー！」でしたよ。続いてスピーチしたあちら側のおじさんも、腰が砕けちゃって、萠子さん支持になってました（笑）。私としては、嫁ぐ家の周りにいるオヤジたちは、絶対に私の前に立ち塞《ふさ》がると思ったので、湯山家という壁を上げて、パフォーマンスを打ったわけです。有名人を出して、「普通の嫁じゃないから、普通のことを要求するな」と、諦めてもらうためのパワーゲーム。

上野　夫はそれを最初から承知の上の選択なの？

湯山　どうなのかな？　ニコニコ笑ってました（笑）。

上野　性格がいい人なのね。

湯山　そうなんです。「子作りは〜」みたいなことを言うスピーチもあったんですが、それに対しては不機嫌な顔で応えた（笑）。先方は違和感を覚えたでしょうが、それでいい（笑）。

上野　俵効果、さすがね。

湯山　私もこうなりたいなと思いました。海千山千のオヤジたちを前に、ハードに核心を突くようなことをユーモアを織り交ぜて展開し、相手が「アハハ」と笑っちゃううちに、「そうだよな」と納得させていくような話術。上野さんにもそういうところがありますよね。

フェミニズムの系譜、反逆のＤＮＡを持つ二人

上野　周りを見ていて、「人はいかにフェミニストになるか」と考えると、いくつかの経路があることがわかります。一つはね、「祖父さんもパルチザンだった。親父もパルチザンだった。だから僕もパルチザンになるんだ」というパターン。言わば反逆のＤＮＡの持ち主。世間から浮いてるパパを持った湯山さんもそうじゃない？　うちの中は治外法権の解放区で、天然に育ち、世間は外国だった、という。

湯山　うーん。世間から浮いてる父がイヤで、まっとうに会社員やメジャー系に行こうとしましたからね。でも、今、これだけ人並みから外れてることを思うと、やっぱり〝パルチザン〟を踏襲したのかなぁ。ただし、世間から浮いているウチの中は、アーティストでワガママ放題の父親にとってだけ快適な王国で、そこにも適応しなければならない。王様は神経質で手厳しいか

ら、父親に対してお世辞三昧だったですよ（笑）。気の利いたことを言うと、褒めてくれるから。まあ、それはそれとして、自立がデフォルトだから、世間一般の「人様のために自分を殺して生きる」という喜びがよくわからない。理解はしてますけどね。

上野　結局、適応してないでしょ。一応、学習したつもりではいても（笑）。

湯山　そうかもしれない。年を取ってからよりはっきりしてきた。

上野　次にフェミニストになる一番多いタイプはね、自分で望んだ相手と恋愛し、結婚し、望んだとおり子どもを産んでみたら、どつぼにハマって、初めて女の役回りのワリの合わなさに気がついた人たち。これが圧倒的に多い。いつもその人たちに、「遅いよ！」って言ってるの（笑）。

湯山　働く女性にも多いんですよ。大手の出版社で女性ならではの花形的な仕事をいっぱいやって、王侯貴族のように生きていた人が、ハシゴを外された途端にその甘やかしの構造を知ったり。

上野　それってさ、原発事故が起きてから、原発の問題に気がつくのと同じよね。私の場合は、目の前で、母がワリに合わない女役割を果たしてたから、ちゃんと事前学習しました。

湯山　それはそうだ。

上野　私は、家父長制の家庭で育って、物心ついたときから、母親を見て「これはワリに合わない」と思い、母親を反面教師にしたわけ。このタイプは少数派。あとで人に言われてわかったのは、そういう家父長的な家庭で育つと、普通は、息子は家父長的な父になり、娘は忍従する妻になる。私のように、親がカウンターモデルになるケースは少ない。あなたは親をカウンターモデルにしたつもりかもしれないけど、やっぱりDNAは受け継いでるんじゃない？

湯山　そうかもしれない。と考えていくと、「自由」というテーマが自然と出てきますね。上野さんも私もそうなんだけど、自由が好きなタイプ。私、自由がない環境だともうホント、ダメなんですよ。特に海外に頻繁に行くようになって、そこで出逢った友人たちの自立と、自由な状態の現実的な在り方を様々な局面で体験すると、この国の自由嫌いと、すべてにおいての公的ルール欲求欲に唖然《あぜん》とする。だけど、もともと自由の味を知らされていない人たちばかりなら、プロローグでお話しした奴隷の幸せもあるのかもしれない。

上野　ムーゼルマンや、カズオ・イシグロの小説の主人公たちね。あなたに自由がビルトインされてるのは、やはり特殊な家庭で育ったからよね。私の育った家庭はそうじゃなかったもの（笑）。

湯山　たしかに、自分がどこへ行こうと何をしようとも、人にとやかく言われないことを守る、という構えで生きていますね。そうでない周囲の環境があったら、変える努力と方法を探したい。私にとってはそれがデフォルトです。

第4章

女のサバイバルを阻む病

フェミニズムとネオリベの、決定的な違いとは

上野　フェミニズムをどう理解するかなんだけど、一般にフェミは、男女平等を要求する思想だと思われているわけね。でも私は、〝男女平等〟という言葉は使わないのよ。「女性解放を求める思想と実践」だと言ってる。

湯山　その場合の「解放」は何に当たるんですか？

上野　何が解放かって、実は誰にもわからないんだよね。そんなもの、客観的にわかるもんじゃない。何が解放になるかは、その本人に聞くしかない。だから、〝私〟にしか決められないことだと、開き直れるわけ（笑）。

湯山　心で何を解放と感じるか、人によっていろんなものがあっていいと。

上野　そう。ただ、これを言うと、「ネオリベ」とすれすれになって、ネオリベとフェミの区別が難しくなるのよ。

湯山　そこは私も語りたいんです。私、完全にネオリベの体質があるんですよ。

上野　私にもいくらかはありますよ。

湯山　そうですよね。ネオリベと言えば「自己決定」「自己責任」ですが、いい大人が自分で決めることをやらなかったり、そもそも決定ができない、というのが、ダメだと思ってるんです。それに、進歩の思想も、私、自分の片肺にあります。

上野　進歩？

湯山　昨日より今日の自分が良くなるという、プログレスの思想。それはまったく悪いとは思わない。まったり、という自己充足＝コンサマトリーは、別に今の若者だけじゃなく昔から自分の周りにあるんですが、私自身は飽きちゃうんですよ。

上野　ネオリベ女のアイコンと言えば、勝間さんよね。ただ、進歩と言わず、向上と言いましょうよ。勝間さんはやっぱり努力と向上の人なのよね。最近では、大事なのは効率だと、努力というキーワードが効率に置き換わったようだけど。効率が最優先というのは、プロデューサー湯山としては、自分の考えに近いと思う？

湯山　彼女の場合は、目的達成のためのスキルの向上といったスケールだと思うんですが、私が言うのは、人間の質として、より思慮深くなり、自分の体験に即した強い言語を持ち、全人格的に成熟するという意味での向上ですね。

上野　そうか、それなら効率では測れないわね。効率優先ではない。

湯山　効率はセコイでしょ。というか、実は仕事のリアルな現場では、まわり道のほうにチャンスがあることも多いから。勝間さん、そのあたりも、プロの仕事人というよりも、机上プランみたいなアドバイスが多いんだよね。

上野　それは正しい（笑）。

湯山　それに、悪いけど、効率では救えませんよ、女は。全人格的な向上というのは、教養も含めてです。例えば、世の中にはまだ読んでない、読むべき本がいくつになっても山ほどあるし、食べていない料理も山ほどある（笑）。

上野　勝間さんが言う効率には、ムダというものが入ってない。でも、アートはムダそのもの。人生の中で最大の贅沢なムダである。

湯山　効率を最優先し、システムで何でも解決しようとする人って、IT系もそうなんだけど、文化的教養が欠落してる人が圧倒的に多い。いわゆる、ビジネス書の一部の著者たちなんですが、もの凄く文化に関心があって、概念的にはいかにも、のことを言う。でも、あるデザインの話題から、70年代のヒッピーカルチャーの話になったら、そのことをまったく知らなかった。村

上野　上隆におけるアートビジネスについては語れるのにね。何かというと、費用対効果って、バカの一つ覚えみたいに連発する輩《やから》ですよ。

湯山　あなたとは「向上」の意味が全然違う。文化って無形の価値だから、効率に最もそぐわない。最も非効率なものよ。

上野　私が言う向上の中には、奇跡的に「生涯の一つ」に遭遇することも含まれるんです。例えば、私は歌舞伎に詳しいものの、あまり好きではないんですね。でも、その中でも、晩年の中村歌右衛門演じる政岡に立ち会えた喜びは、奇跡的な体験だった。

湯山　『伽羅先代萩《めいぼくせんだいはぎ》』ね。ああ、今、目に浮かんだ。素晴らしかったね。

上野　それも向上に入ってるし、むしろそういう経験のほうがデカい。今の自分が見てる以上に、死ぬまでにもっと世界を見てみたいという〝向上心〟がありますね。

湯山　それはわかる！　私、ボケの世界を見てみたいもん（笑）。もっとも見たとしても、もはやそれを自分のメモリーに留めることはできないかもしれないけど。でも、ボケたときに、もし自分に言語能力が残っていたら、ボケの経験をちゃんと言語化してやろうと思う。それが楽しみでボケたいってのも、あるよ。

上野　最晩年とはつまり、今現在は絶対実感できない最後の境地ですからね。私も世間一般の言われようと、どう同じで、どう違うかを体験したいですよ。

上野　今の話で、あなたとネオリベ女の違いがとってもよくわかった。
湯山　ネオリベ女は、いわゆるプラン・ドゥー・シー（計画・実行・検討）のコントロール欲で成り立ってますよね。しかし、それはあまりに学校的で子どもっぽいなあ。コントロール不可の不可知部分が人生のおもしろさなのに。人間は何のために生きるのか、という考え方の違いにも直結するかもしれません。

カツマー型アプローチの限界

上野　勝間さんにハマる女、通称カツマーがこれだけ多いのは、どうしてだと思う？
湯山　勝間さんって、初期の頃はフェミニズムの代替えをしてるところがすごくあったんです。私がいいなと思ったのは、「女は二流市民だ」という言い方。さんざんっぱらフェミの世界の言語では言われて来たことだけど、近年ではそんなこと言う人が誰もいなかった。それをはっきり言ってくれているな、と。加えて、女たちの現状を見ながら、「こういう実際の方策を取れば、あなたも軛《くびき》から放たれて、この道を歩めるよ」と、具体的なタマを出してきたのが、すごいと思った。現実的に、女性の状況を改善するテクニックでしたから。
上野　最初に彼女が売り出したのは、賞を取った「ムギ畑」というワーキングマザー向けのウェブサイトでしたね。

湯山　あれで助かったワーキングマザーの人たち、多かったと思う。こうなったらいいよね系の理論や問題提起だけでなくて、子どもがいる女性が働くことで自己実現するにはリアルに何が必要か、というスタンスでしたからね。

上野　そう。それに彼女はシングルマザーでしょ。子連れのシングルは、タダのシングルの女よりもっと弱者になる。働く母親たちにメッセージを送ったというのは、やはりフェミ的なアプローチだったんでしょうね。

湯山　言葉だけの励ましじゃなく、三人の子どもがいる自分の事例を出して、その痛みも含め、リアルなものを感じた。だから、私は最初、好意的に見てましたよ。

上野　私もゼミに来てもらったことがあるのよ。開口一番、あなたが認めたとおり「女は二流の労働者です。そこから出発しなければなりません」だったから、「おお、この人はスーパーリアリストだ！」と思った。すごく説得力があったのよ。でも、最後に言ったセリフが、「私は努力しない女は応援しません」。だから、勝間さんにハマる女たちというのは、勝ち組女、もしくは勝ち組になりたいと思う女よね。でも、なりたいと思ってなれない女は山ほどいる。そうして、体と心を壊す女も山ほどいる。

湯山　それは勝間対立項である香山リカさんのほうに行く女性ですね。私が勝間さんの言い分を認めたのは、「一流で上等、どうせそれしか生きられないんだ」と、既得権益を持つ男性社会のルールで出来てる世の中に、自分を売り渡しちゃって、そのくせブーたれてばかりいる女にダメだ、と言ったところです。女の人の中には、もう端から努力をバカにして、面倒くさがって、いいとこ取りするタイプの人たちがいるから、勝間さんがそういう女を拒否するのは理解できる。だけど、有名になった途端の行動に、ブレが生じていろんなことがバレちゃった。さきほども言ったけど、プロの仕事の現場では、これをやったら必ずこうなるという受験勉強の方程式は効かないのに彼女のアドバイスはそれっぽい。間違ったら悪いところを認めて、謝る、という態度を彼女は勧めていて、自らも「朝生」での原子力発言も含めそれをやっているんだけど、マニュアル臭いんですでに効果がない。個人的には、彼女は生きる上で一冊の小説も必要としない人だと思っています。

上野　私は女の限界を感じるな。彼女は何社かの外資系企業で働いたのち、独立を決意したそうだけど、たしかにそれで個人の名前を上げ、年収も何倍かに増えたかもしれない。だけど、組織と個人の圧倒的な違いってある。組織が動かす意思決定の水準と、個人が動かすそれでは、全然違う。

湯山　ああ、そうか。中枢のカネと権力は、たしかに組織じゃないと得られない。

上野　組織を離れたら、フリーランスとして自分を売り、商品にしていくしかない。組織は牢固として動かないから、ああいう人がいくら出てきても、結局、便利に使われるだけなのよ。それがマイノリティの限界なんだね。それに、万人向けのシナリオでもないし。

構造の問題を認識するのが、フェミニズム

上野　湯山さんも私も、これまでたくさん与えられてきたし、奪ってもきたと思うのね。だから、私たちには不全感がないのよ。何かを禁じられたり、奪われたりもない。禁止されても、自力で限界を破ってきたしね（笑）。

湯山　そうですね。損してる感じは全然ない。だから、あんまり世の中のせいにはしませんね。いろんな人が世の中のせいにしますけど。

上野　そこなのよ、困るのが（笑）。世の中のせいにしないって、エリート女の自己責任的な考え方でそこがネオリベ的。世の中のせいにしないとフェミには行かないわけ。

湯山　ああ、そうか（笑）。こういった自己責任の取り方は、世の中を変えることにはならないからね。一見カッコいいけど、守旧派の思うツボ。特に分別のある女がそれをしがち。

上野　自分の状況を考えたときに思うのは、自力で達成した部分もあるけど、自力じゃない部分がいっぱいある。ジェンダーがすごく関わってるということもあるし。

湯山　具体的に言うと、どういうところでですか？

上野　例えば、「あの程度の能力の男はいっぱいいる。上野が東大の教師になったのは、上野が女だったからだ」と言われるけど、それで、いいじゃん。女であることでよそでたくさんワリを食ってるんだから、たまにいいことがあったって（笑）。

湯山　上野さん、そのリターンは痛快ですよ！

上野　そう。この時代に女に生まれてラッキーだったこと、アンラッキーだったこと、いろいろある。女性学なんて、やらずにすむ世の中なら、そのほうがいいとも思う。ただ私は、自分と違う立場に置かれた女と自分との違いが、紙一重だと思ってるのよね。主婦になった女とも、フリーターになった女とも。だって、私の世代だと、ほとんどの女が主婦になったし、大学院に行った女はほとんど、この年齢になっても非常勤なのよ。

湯山　学術の世界のジェンダーの壁って、厚いんですよね。文化系のマチズモはやっかいだからな。

上野　専任の職を得た女は数えるほどね。定職をゲットした女もいるけど、ずうっと非常勤で生きてる女がいっぱい。自分でも時の運としか思えない。他の人と比べて能力の差がそんなにあったとも思えないから。だから私は基本的に、「構造的な問題である」ということと、「紙一重の差」という気分があるわけ。それで、私はフェミから降りないのよ。

湯山　逆に言っちゃうと、女の機転は構造的に旨《うま》い汁を吸うことにあると思いますよ。

上野　構造的に旨い汁を吸うこともできるけど、それ以上に苦汁を飲まされてる。トータルするとワリに合わないと思うわよ。湯山さんは、高校生のときに自称フェミの女たちとの出会いで、フェミニズムを拒否してたんでしたね。

湯山　フェミへの拒否感は、母性系フェミや左翼男のガールフレンドたちがやっていた、学級委員的なきれい事と横並びのスタンスがとことんイヤだったんですよ。

上野　同調を強いる抑圧がイヤなのね。

湯山　そう。抑圧型の統制で、横並びに同じであることを強要するって。だからこそ上野さんの本も読んでた。基本は私もフェミですよ。ブル転したあと、声高に言わなかっただけで。

上野　筋金入りなのね。たしかに、あなたの『女ひとり寿司』を読んだときそう思った。フェミのフェの字も使ってないけど、最強のフェミ本だって。女が一人でオヤジの牙城《がじょう》に斬り込んだ本だから。

湯山　あの本は高級寿司屋を舞台にしたオヤジ&カイシャ接待文化の落日を描いていますが、その一方で私（女）が寿司を食べに行こうとしたときの内外の抑圧のすべてを書いたわけです。

おカネは自由の条件ではない？

上野　区別されにくいんだけど、フェミとネオリベはやっぱり違う。決定的に違うのは、フェミにとってては、強者にも弱者にも、「自由が大事」という点だと思う。「強者だけに自由がある」というネオリベとはそこが違うのよ。

湯山　あっ、それで言うなら、強者には自由がないです。

上野　お、おもしろいことを言うのね。

湯山　強者になったら、カネという恐ろしい力を持っちゃいますからね。持てる者たちは、その欲望ゆえに、今度はどんどん不自由になっていく。欲望と自由のバランスは、取るのが難しいものなんですよ。それに得たものを失うのが怖いから、精神のバランスを保てず変な方向に向かってしまう人も多い。身近にいますよ、そういうカネ持ち。特にこの10年くらいでたくさん出てきた。特に若い投資家といわれる人たちからは、まったくもってカネ持ちの豊かさというものを感じたことがない。私のほうが、おカネないけど全然自由。

上野　カネの亡者になってるということ?

湯山　なっちゃうんでしょう。彼らにとっておカネは何かをするためのツールではなくて、何かの信仰のようです。

上野　おカネは自由の一つの条件だったはずなのにね。

湯山　スティーブ・ジョブズみたいに、仕事の結果が、莫大なおカネを生むならいいですが、大抵の人は呑まれちゃうの。だから、私ぐらいが一番いい(笑)。

上野　湯山さんのほうが、おカネ持ちの知り合いは多いかもしれないね。私の友だちはみんな清貧だから。せいぜいそこそこの小ガネ持ち。カネで縛られるほどの大ガネ持ちに会ってみたいもんだ。

湯山　学習院の同級生にはそのクラスがいましたね。家に遊びに行ったら、平屋の豪邸で、和服姿のおかあさんに玄関で三つ指ついてお出迎えされたり。玄関ホールにモノホンの名画がかけてあったり。そのクラスは別格だけど、たいていのカネ持ちは、いわゆる〝カネ持ち〟的な行動とカネの使い方しかしない。知っている地方都市のおカネ持ちの奥さんなんか、ハワイのアラモアナでブランドショッピングしかしていない。彼らは全然、自由じゃないし、おもしろくもない。日本は貧乏の歴史が長いから、いわゆる成金的なカネの使い方をしますよね。私に3億円くれたら、どれだけ豊かに使うか（笑）。

上野　「3億円当たったら、貯金します」と言う人がいるけど、信じられないね。

湯山　それが普通の手がたい金銭感覚なんですよ。

上野　3億円もらったら、私なら人材育成に使いたい。何の根拠もなく、「この人」って自分が選んだアーティストや研究者に投資する。パトロンやるって気持ちいいと思う。

湯山　私はオーケストラを雇って、私的コンサート。と思ったけれど、海外に別宅か分散投資かな？このご時世なんで。あれっ、それ貯金と同じ意味じゃん（笑）。

「承認欲求」という病

湯山　ネオリベ勝ち組にもよく見かける女の問題なんですが、人から認められたいという「承認欲求」って、女の人をすごく蝕《むしば》んでいるものだと思います。特にヤバいのは大企業で働いてる高学歴エリートの女。子どもの頃から親に褒められ、会社に入ってからも「褒められたい欲」で立ち回る。でも、実社会で働くというのは、学校偏差値ではなくて、ホントに結果が出せる人が注目されていく。有象無象がいる中で、まったく褒めてもらえないところから自力で戦っていかなきゃということ。それで承認欲求が満たされず、精神を病む女が多いですね。

上野　どんな症状が起きるの？

湯山　アルコール依存症は多いですね。私、数人、知ってます。

上野　嗜癖《しへき》ね。セックス嗜癖もあるけど、嗜癖は逃避の現れよね。

湯山　逃避だけでサラッとやるならまだいいんだけど、人間関係や社会的地位まで壊していくパターンがあるんですよ。恋愛狂、実はセックス狂になる人はそのタイプですね。とある会社のプロデューサーの例なんですが、スタイルとしてのアネゴ肌を気取るタイプで、職場でお局《つぼね》になったのち、手当たり次第、出入りの業者や若い部下に手をつけちゃった。スマートにイタせばまだよかったんだけど、彼女は酔っ払ったあげくのご乱行型。仕事のできる人だったのに、周囲が彼女のことを悪く言うようになり、社会的に難しい立場に立たされた。逃避が、醜い暴走になってしまったんです。

上野　承認欲求というのは、優等生シンドロームね。良い子症候群。これはエリートに付きもの。褒められたい〝子ども〟のまま、親になっちゃったある女性の、虐待経験の告白を読んだことがあるのよ。自分が丹精込めて作った離乳食を、子どもが口に入れたとたんにオエッて吐き出したのを見て、頭に血が上り、思わずはたいてしまった、という告白。あとでものすごく自己嫌悪に陥って、自己分析してみた。「私は子どものときから今日に至るまで、がんばれば必ず報われた。努力すれば必ず褒められた。先生からも、親からも。ところが子どもは、こんなにがんばって努力してるのに、報いてくれない」と言うわけ。

湯山　それ、ちょっと幼稚すぎやしませんかね。

上野　幼稚には違いないけど、自分の虐待をそこまで言語化できる程度には、知性のある人だと思うよ。

湯山　たしかに自分で分析できてるわけですから。

上野　やっぱりエリート女なのよ。子どもという、人生で初めてのモンスター、自分の意のままにならない存在を目の前にして、「自分の努力が通用しない」「認めてくれない」と言っている。それを読んで、あまりのリアリティにゾッとした。エリート女とは、こういうものなんだよね。

湯山　子どもができるまで、人生、必ず他人から報われてきたんでしょうね。
上野　そう。男に対しても、受けようと努力したら、ちゃんと報われた。
湯山　実際には、報われないこともあったんだろうけど、それはパスして目に入らないことにしていたんでしょうね。でも、子どもはそうはいかないからなぁ。

ルサンチマンを発散し始めた女たち

湯山　私ぐらいの世代の高学歴女は、夫に対するＤＶ率が高いんです。
上野　それ、妻が夫を殴るってこと？
湯山　そう、奥さんのほうから。身近な例を見てるとね、旦那に手と言葉の暴力が出てる。私はそれを旦那側から聞いてるんですが、有名メーカーの営業部長と銀行勤務の知り合いがいて、二人とも大学の同級生を妻にしてる。一流国立大のかわいい同窓の女子とサークルで出会って嫁にしたと言うんです。妻たちは、例えば公認会計士のような職業を目指してたけど、子どもができたので、なし崩し的に家庭に入ったと。どちらの場合も、子どもをいい大学に入れて、子離れした瞬間に、妻が荒れ始め、手が出たそうです。
上野　旦那からの話は割り引いて聞かなきゃだめよ。男の場合、殴られたことだけを情報提供し、自

湯山　分が殴ったことを言ってないケースが多い。殴られっぱなしってことはほぼないからね。夫が二発殴って、妻から一発、だったりね。

湯山　しかし、この二人の場合は、妻のことが大好き男なので、それはなさそう。ここでは妻側の問題を見ておきたいんですが、子離れして、時間を持て余し、自分の立場を捨て、「一生かけて復讐するから」と夫に言うらしいんですよ。家庭のために自分の人生の可能性を断念させられたと恨んでるわけ。「優秀なんだから働けば」と言っても、「いまさら働くって、私にこれからレジ打ちさせるの」と怒る。

上野　30年前と状況は変わってないのね。

湯山　そう言えば、上野さんと同世代の残間里江子《ざんまりえこ》さんも、全共闘女だったと自らの告白の中で言ってましたね。短大を卒業して、〝君〟〝僕〟と言い合ってた季節が終わって就職するとなったときに、女たちはハシゴを全部外されちゃったんだ、と。彼女たちは結局、ほとんどが家庭に入って、自分のルサンチマンとエネルギーをすべて、結婚した夫にぶつけたり、子どもと精神的な恋人関係を作ってしまう。結果、それが社会に対して復讐になっている。

上野　夫にDVや復讐をして、そのあとはどうするの？

湯山　絶対離婚はせずに、ちょっとした復讐を今度はエンターテインメントのように日常的に楽しむようになる。レディースコミックにはその手の物語がいっぱいありますよ。

上野　愛人作るしかないね。そうじゃないと子どもが迷惑よ、はっきり言って。ただ、高学歴女はプライドが超高いから、大抵の男は候補者にならないでしょうね。私たちの世代とパターンは同じでも、昔は高学歴女がレアケースだったし、同世代で高いステータスに到達した女も少なかったから、比較対象もなかった。今のほうがそういう例は増えてるし、相対的には女の不満がより強くなってると思う。

湯山　まあ、同窓会に行くと、ちょっと前は、向こうから急にとんでもない矢が飛んできましたよ。私が太ったことをいつまでもギャグまじりに言い続けたりね。

上野　くさい臭《にお》いは元から絶たなきゃダメ。原因療法をするとなれば離婚しかない。そうなると自分の生活基盤が破綻する。子どもが学齢期にあれば、そうはしないでしょうね。その選択肢が絶たれれば、ガス抜きの対症療法しか残らないわね。

子どもに犠牲を強いる、母というエゴイスト

上野　不満を抱えた女たちの対症療法は何になるんだろうか。まず、「男を作る」でしょ。それから何だと思う？

湯山　息子や娘の抱え込みですね。

上野　子どもの自立を阻むわけか。トラブルを起こせば、自分の生き甲斐《がい》になるし、引きこもりになったらなったで、子どもに尽くし、「私一人がこんなにがんばってるのに、あなたは何一つ協力してくれない」と、自分の存在感が増す。これって、最悪のパターンね。

湯山　介護を生き甲斐にする人もいる。自分のアイデンティティを介護することで確保してるんですね。人様に後ろ指さされないし、少なくとも伝統的に、非常に据わりがよい。これもちょっとヤバいんだけど、会社でうまくいってない人なんかは、キャリアストップして介護に入る例もある。

上野　依存に対する依存ね。一種の介護マニアになる女の人もいる。夫の両親を看取り、夫を看取り、今度は「私がいなければ」と、娘や息子の子ども、つまり孫の世話に精を出し……。こうなると、女というビョーキですね。娘や息子が潰されなきゃいいんだけど。今まで出た対症療法は全部ネガティブな方法ね。ポジティブなものはない？

湯山　ボランティアか社会運動でしょうか。

上野　なるほど。反エイズや脱原発などの社会運動に奔走し、家庭を省みなくなるパターン。

湯山　ペットというのもあります。

上野　韓流とか嵐にハマるケースもあるかも。こうして見ると、いくつかの類型に分けられる。どれが対症療法としてよく効くのかしら。本人に効くだけじゃなく、はた迷惑になる場合もあるじゃない。中でも最悪なのは、子どもに犠牲を強いること。子どもが最大の被害者になってしまう。

湯山　子どもの抱え込みなんて、愛の力によって「束縛」するわけですからね。

上野　それは愛と言わず、エゴイズムと呼ぼう。子どものいない私たちだから、こんなふうに言えるけど。親だったら、自分のハートにズキンッと刺さらないわけにいかないでしょう。実際、エゴイズムのない親なんていないけど、それを「子どものために」と粉飾してるから。

湯山　そこを自覚していない、いや、しない男女のあのヒステリックな感じはなんなのだろう。「子どものために」は最大のモラル空気を作っていますからね。

上野　私と同年齢の中山千夏さんが、母と娘についての本を書いてるの。母親のペットだった娘が、結婚相手を選ぶときに、生まれて初めて母親に背いた。「おまえのために反対するんだ」と言い募る母親を追い詰め、「おまえのためにと言ってきたが、実は自分のためだった」と本人に言わせたって。私はそれを読んだ瞬間に、中山さんに対する尊敬のバロメーターが上がった。「私にできなかったことをこの人はした」とね。私は母親をそこまで追い詰められなかったもの。母親を追い詰められる条件は、母親が自分と対等か、自分以上に力量があるかなんだけど、私は母親を追い詰めようとしたとき、敵は老いて、私より弱者になってたのでできなかった。だから迂回して、逃げちゃった。でも、迂回してはならないときに迂回したツケは、あとで必ず来るのよ。

湯山　中山さん、それ、すごいな。ウチの母親は、違う意味でのエゴイストなんですが、がんがん言って追い詰めても、まったく違うところから意味不明の言い訳として返してくる。強いから反省とか傷つく回路はないですね、あの人には。

上野　それはディスコミ？

湯山　母親のことはどうもわからないんですよ。

上野　じゃあ、外国人と思うしかないわね。向こうも娘を外国人と思ってる？

湯山　そんなことを言ってます。「あんたはわけがわからない」と（笑）。

上野　娘を外国人と思うのは、母親の知性ですね。逆に、「私が育てたはずなのに、そんなはずがない」というのがエゴイズムですよ。あなたは、自分のお母さんとの関係で、そこまで実績を作って来たんじゃない。

湯山　しかしながら、結婚しても子なしの私に向かって、「子どもを作らないのは、人間として、なってない！」系の暴言をぶつけてきたところはエゴ丸出しだったね（笑）。

母との相克を語れるようになった女、語れない男

上野　古市憲寿《ふるいちのりとし》くんという若い社会学者と対談して、のけ反ったの。私の世代の親たちが、「子ども部屋から一生出たくない子どもたち」を育ててしまっていたことを痛感して。それに関しては、性差もないみたい。

湯山　わかります。男女ともに幼稚化していて、今後、大人になっていきそうにもない。

上野　親になってすら、子どもであることから降りたくないのね。息子も、娘も、いつまでも子どもでいたがってる。そうした子どもたちが育って、二代目、三代目にまでなっちゃってる。子どものステータスから降りたくないなら、親にならずに滅びていくのも一つのオプションだと、私は思うのよ。少なくとも、子どもという未知の生き物に、はた迷惑を掛けずにすむじゃない。

湯山　子どもという犠牲者を出さずに済む、と。

上野　これから日本は絶対的に人口減少社会になる。ただ、教師をしていると、世間のしきたりという理由だけで無自覚に結婚し、子どもを作ってしまって途方に暮れ、虐待したり、支配しようとする親と、あらゆる軋轢《あつれき》を経験した果てにストレスに圧し潰されそうな子どもたちが、目の前に実際に現れるのよ。問題を抱えた子が多くて、それを見ていると、本当にはた迷惑だと思

う。あんたのエゴイズムのために、子どもを育てるなと。

湯山　でも、実際はそういう子育てになっちゃってますよね。

上野　産むも地獄、産まぬも地獄なんだけど、その被害者が私の目の前に現れるから、身につまされる。性格が歪《ゆが》んでいたり、かわいげがなくて、愛せない子どもたちも多い。でも、私が最後のところで踏み留まって、彼らの味方をしようと思うのは、「あなたがこうなったのは、あなたのせいじゃない」という気持ちがどこかにあるから。好きでこうなったんじゃない。私は親にはならなかったけど、「何があっても、私はあなたの立場に立つよ」というのが、教師としての自分の足場になってるのよ。

湯山　その歪んだ人格は、何十年かを経て作られてるから、簡単には直せないですよね。今やそうした子どもたちが親の世代になってる。捻《ねじ》れはもうほとんど直せない。私の教え子の中にも、そういう子どもたちはいます。

上野　次の世代に犠牲者を生んでる。子どもは絶対的な弱者だから。

湯山　私はそこまでの悲劇的な例はまだ見てませんが、知人と息子の関係を心配に思うときはありますね。その人、女として、ものすごくセンスが良くて、社会的にもステイタスのある人なんだけど、息子への固着ぶりがすごい。

上野　やばいね、それ。

湯山　息子はいい子なんだけど、思春期になって、変な自我が生まれてきている。世の中が自分に要求する「彼女の息子」を演じ始めちゃってるんですよ。イキイキしてない。

上野　うちの学生たちがそういう傾向にある。健気なの。ママが大好き。

湯山　その子もそうです。

上野　ママの顔色を見て、ママの期待に応えてあげたいと思ってる。いじらしくない？　見ていて本当に可哀想なのよ。

湯山　息子はママの期待に応えたい。ママもこちらを向いている。私の知人は仕事を持ってる人なのでまだ離れる時間があるのでいいんですけど、そうじゃなければ、その密着ぶりから逃げられないでしょうね、男の子の場合は。

上野　そうね、母と娘の問題はすごく脚光を浴びてるけど、母と息子の問題は元から深刻ね……。娘は母殺しをするけど、息子はよっぽどのことがないと母殺しができない。息子のほうが大変だと思うよ。娘の大変さはやっと最近、言語化されるようになった。

湯山　村山由佳《ゆか》さんも『放蕩記』で書いてますね。

上野　遡《さかのぼ》れば、信田《のぶた》さよ子さんの『母が重くてたまらない―墓守娘の嘆き』や、佐野洋子さんの『シズコさん』。それから、中山千夏さんの『幸子さんと私―ある母娘の症例』。かつては、母に対する娘の憎悪なんて口に出しちゃいけなかったのだけれど、それを言い出す人たちが出てきた。
湯山　それで、ずいぶん多くの人が救われた気がしますよ。
上野　そう。だから娘は言えるようになってきた。でも、男には言えない。母殺しができないのよ。
湯山　寺山修司がそうでしたよね。寺山修司みたいに卓越した人でも、お母さんは越えられない。「書を捨てて街へ出よう」と故郷を殺し、親殺しをすすめた男でもダメ。逃げようとすればするほど母がパワフルに追ってくる。化け物ですよ、「お母さん」という存在は（笑）。
上野　母と息子の関係は、やっぱりジェンダーが絡んでくる。ボクちゃんには、母を幸せにする責任があると。湯山さんはそれを背負わずにすんでよかったわね、娘だったから。弟さんはママを幸せにしなきゃいけないって責任、背負ってるの？
湯山　母と弟は昔から結託してます（笑）。しかし、うちの母親は依存するタイプじゃないし、手品にお社交に、非常に外に好奇心がある人だからな。
上野　ママが不幸せじゃなければ、大丈夫。ただ、不幸せだったら、ママを幸せにする責任を、男の子はすごく早い時期から背負っちゃう。いやぁ、男の子は大変よ。そこから降りられないから。追い詰められると、今度はキレて、母を殴ったり、蹴り始める。なかなか明るい話にならない。
湯山　ならないですね。でも、上野さんの「子どもの側に立つ」という矜持はわかりました。

「ロマンチックラブ」への根強いニーズ、その理由

上野　ここ30年間見てくると、いわゆる性革命によって「性」と「愛」が分離してることがはっきりしましたね。そこで明確になったのが、「ロマンチックラブ・イデオロギー」の破綻。

湯山　性と愛は違うもんだ、ということが徐々に常識になりつつありますよね。ただ、ロマンチックラブ幻想に関しては、そうとう根が深い。セックスはカジュアルになったけど、やっぱり性欲ムラムラでイタすという理由ではなく、恋愛したから、というエクスキューズをかけてくる。自分には王子さまが現れる。自分のことだけ愛してくれる人に処女を奪われ、その人が生涯一人の男として、最後まで自分を裏切らず、添い遂げてくれる。……ということをそれは幻想だとわかっていても、心が動いてしまう女は多い。

上野　それね、ロマンチックラブとも言うけど、私は「オウム幻想」とも言ってる。つまり、「たった一人のあなたに私を丸ごと全部受け止めてほしい」という、自分の全面移譲なわけでしょ。虫のいいこと、考えるなよだね。あなたを全部受け止めてくれるのは、神さまか麻原だけだって（笑）。

湯山　わははは。宗教ですよね、ソレ。

上野　うん、宗教なんだよ。逆を考えてごらんなさいよ。自分が誰か他の人間、異性でも同性でもい

いけど、誰かから自我を全面的に移譲されて、受け止められる？　背負いきれる？　やってられませんよ。自分にできないことを、他人に要求するなと言いたい。女が男に要求してるのはそういうことなんだよね。

湯山　そりゃ、女の暴力ですよ。

上野　そう、暴力ね。女の依存性がイデオロギー化して、「私を丸ごと受け止めて」となる。そうしたロマンチックラブの妄想を持つ女も女なら、その妄想に乗っかる男も男だと思う。そんな重荷を背負って、どうするんだろう。一人の人生を預けますと言う女に、預けられて幸せにしますと言う男。要求するほうも、引き受けるほうも、両方アホよ。

湯山　でも、この種の物語は、そうとう手強いですよ。30代の未婚の女友だちなんて、いくら口をすっぱくして言っても、うーん、なんて言ってる。

上野　不安が蔓延《まんえん》してる時代だから。ロマンチックラブ・イデオロギーは、異性間での自我の全面譲渡を神話化したもの。親ですら子の全面的な信頼や移譲を引き受けてくれなくなって、限定付きの愛情しかくれない。誰もそういうことをしてくれないから、私を丸ごと抱き取ってという神話化が、ますます進む。これがオウム真理教の温床の一つだったわけですよ。

湯山　まあ、状況は、今も進行中ですよね。もう一つの不満と不安が、こうなればいい、という女のロールモデルがいないということ。お手本がほしい、という学校的な欲求。

上野　オウムの信者の中に、フェミ系の女がいたと、報じられたことがあります。その女性の発言が紹介されて、「上野千鶴子も小倉千加子も読みました。だけど、救いになりませんでした」と言ってたそう。

湯山　そりゃ、名前出されて迷惑ですな。でも、やっぱり悩んだときに高学歴女はフェミを読む。

上野　私に言わせれば、当たり前だよと。フェミニズムというのは、あんたを丸ごと抱き取るような思想じゃないっての。「丸ごと私を受け取めて」と言う女は、やっぱり神さまか麻原のところに行くしかなくなっちゃうのよ。

湯山　あー、でもありがちだな。大人になることは誰でも面倒くさいことなのに、そういう苦労や努力を放棄して、丸ごと系に自分を託そうとする。

上野　生身の人間に要求できないことを、誰であれ、要求しちゃいかん。そんな不自然で無理な要求や契約関係があたかも成り立つかのごとく、嘘八百のデマを飛ばしてもダメ。男のほうはサッサとそこから降りてるんだから。

湯山　女だけが妄想を生き長らえさせてますね。

上野　それには、ヨンさまブームに大変な影響力があったと思う。私は、韓流ブームが理解できなかったんだけど、たまたま「冬ソナ」のポラリスのシーンを見て、よ〜くわかった。ヨンさま演じる主人公が、ポラリスの星をかたどったペンダントを恋人に与えて、「ごらん、あの星を。

ポラリスだよ」と、北極星を示す。北極星は不動の星だから、「僕はあのポラリスのように、君のことを見守っているよ、どんなことがあっても」と続く。それに女たちはグッと来るのね。

湯山　ハァ〜。最初はドラマグルメになっちゃった女たちがパロディーか確信犯でハマっているのかと思ったら、ド本気だからなー。もうさ、ポラリスって言われた瞬間にうぷぷぷ、となるでしょ。普通は（笑）。

上野　現実にないからドラマの世界に求めたんだろうけど、とっくに裏切られてしまった日本の妻たちが韓流にハマるなんて、あまりに情けなさ過ぎる。当人たちはあるわけないのを承知で、フィクションだから楽しんでると言うんだけど、フィクションにしても、こんなチープなメロドラマにウルウルしてたまるかと思うじゃない。

湯山　だけど、ハマってる女性はあまりに多いですよ。私の周りだと、主婦だけじゃなく、編集者に多い。高学歴で普段はパリコレがどーしたなんて言っている編集者。ファッションと言動は、「セックス・アンド・ザ・シティ」のキャリーでも、心はすっかり韓流ファン。

上野　だから、安心が欲しいのよね。絶対の安心、絶対の受容が。

第5章 妄想大国ニッポンの恋愛と結婚

ザ・妄想カルチャーは日本人の十八番？

湯山　日本人って、実はリア充感覚に乏しい人たちなんじゃないでしょうか。「鴨長明《かものちょうめい》の呪い」と私は呼んでいるんですけども。

上野　突然何が出て来るかと思えば、鴨長明？（笑）

湯山　いやね、スタジオジブリもそうだと思うんですが、「現状がリア充じゃない人の妄想の世界」って、日本は得意じゃないですか。鴨長明はすごくシンプルに、寝て、起きての生活で、自分の人生なんて三畳あれば事足りると思っているけど、ファンタジーだけは枯野を駆けめぐっちゃう（笑）。リアルに豪邸で暮らすよりも、四畳半に住んで豪邸を想像するみたいな感じですね。女の子も、腐女子がけっこういますし、韓流にも向かってるし。その様子を見ていると、

上野　日本人は実際に付き合って実コミュニケーションを取るよりも、非リア充、ファンタジーのほうが断然好きなんじゃないかと思います。

湯山　湯山説で言うところの「逃避型カルチャー」ね。サブカルチャーの「サブ」には「副次」という意味のほかに、「下位」もある。サブマリン、サブウェイのサブと同じで、地下に潜ってるわけね。だから、逃避型で、その逃避によって文化が生まれている。あなたは、リア充と非リア充は両立すると言っていたけれど。

上野　もちろん両立するんだけど、大部分の人は、リアルなコミュニケーション、例えば恋愛のような現実を避けて、どうしても非リアルなファンタジーの世界に行っている気がします。

湯山　そうすると、日本が今、世界に誇るべき文化は「現実逃避型」のカルチャーなのね。

上野　そうですね。非リアルのほうです。

湯山　もし構造的にそうなってるとしたら、「思考停止」と「現実逃避」は日本の宿命みたいなもの？

上野　非リア充傾向は本当に強力だと思います。驚くべきはこのモードが世界の若者たちにユーチューブなどのイメージを通じて、ガンガン広まっていること。きゃりーぱみゅぱみゅという、アイドルが世界的に人気なのも、その一例ですよ。ポニーテールやツインテールのお人形みたいなメイクとコスチュームの女の子なんですが、パフュームの楽曲も手がける中田ヤスタカ氏のプロデュースで、ボイスレコーダーのような歌声に、バービーっぽいプラスチックな踊りで、人気になってる。特にユーチューブで大ヒットになり、世界の各地できゃりーぱみゅぱみゅが流行ってます。フランスの2012年のiTunes storeエレクトロニックチャートで1位ですから。

上野　日本発なんですね。

湯山　そう。本来ならばR&Bやヒップホップに行くべきアメリカのティーンエイジャーがツインテールにして、きゃりーぱみゅぱみゅを踊っていたりする。「非リア充カルチャー、世界を席巻する」の図です。フランスのジャパンエキスポの来場者は、99年には3200人だったのに、今年は20万人ですよ！　オタクというモードをはるかに超えている。

上野　そのきゃりーぱみゅぱみゅの振りで、誰かが九条ダンスとか反核ダンスなんかを出してきたら、世界を席巻するかもしれない？

湯山　あっ、それはない。現実的なことからの逃避なわけだから、そういう政治的なリアルなものを持ち込みたくないんじゃないかな。反核ダンスになった瞬間、それは現実とのコミュニケーションということだから。ファンは、一種のサンクチュアリ感を味わってるわけですよ。ノスタルジーやSFオタクとは親和性があるけど、社会的なメッセージとは結びつかないんじゃないかと思います。

上野　逃避型は、決してリアルには行かないんだね。

湯山　完全にその世界だけで生きてますね。実際の生活はどうでもいいというぐらいに。『エヴァンゲリオン』のときからそうだけど、「エヴァの世界に俺がいれば、そこが俺のリアル」という感覚は、今やオタクだけじゃなく、あまねくこの社会に偏在してる気がします。女は韓流に席巻されているし、ＡＫＢ48の盛り上がりもすごいですし。

上野　もうオタクと呼べないくらいね。

湯山　呼べない、呼べない。オタクがメジャーになって一般化している。

上野　日本文化そのものが、全体としてサブカルチャーになって、そのサブカルチャーが輸出品になった。それでも、そういう人たちが逃避してる間に、リア充の世界では富と権力が動いてるのよ。

湯山　で、いいようにやられっぱなし。その主因はメディアにありますよね。単一言語で、行間と空気読みの達人である日本人にテレビという共有コンテンツを与えたら、完全にその世界の住人になるしかないですよ。最近では、お笑いの世界に生きてるという人も多いですね。テレビやライブでお笑いを見たり、そこに関わることが、自分のすべてみたいな人たち。たしかに日本語の空気読みを含めた言語世界のお笑いは、今、非常に高度で、ナンセンス、不条理のような領域をメジャーの芸人がガンガン表現していますよ。

上野　お笑いタレントがニュースレポーターにもなる時代だから。ニュースもバラエティ化したし。そうなったら、ニュースであっても劇場的な要素を含んだものがおもしろいという傾向になってしまう危惧《きぐ》がある。猟奇的なものほど取り上げられたり。

湯山　逃避型の妄想カルチャーが膨張すると、リアルな世界のリスクが高まりますね。

男と女、恋愛における妄想カルチャー

湯山　妄想カルチャーがリアルな世界を圧迫するのは、恋愛においてもありますよね。例えば、「私はあなたのマネージャーになって尽くしたい」という女性が依然として存在する一方で、男側では「マネージャーなんか欲しくない」という人たちも多く出てきている。男と女の意識だと、女のほうが古いし、いまだファンタジーを信じてる。男たち、特にアラフォーより下の世代を見てると、「女は黙ってついてこい」という意識はほとんど見られない。中にはちょっとマッチョを気取る子もいるんだけど、話してみると、簡単に転向する(笑)。フェミニストを標榜しながら、マッチョだった私たち世代の男とは大違いです。

上野　それに、女の人生を背負うのもイヤだって言う。だけど、女のほうは「私を受け止めて」みたいなミスマッチが起きる。でも、それはしょうがないわね。ロマンチックラブ・イデオロギー

湯山　の妄想をマジに信じたのは、女のほうだから。

上野　それがこんなに根強く残るとは思わなかったですね。だって、何度も失恋すりゃ、いい加減、妄想だってことがわかると思うんだけど。

湯山　一つテストをしましょうか。「結婚とは死にまでいたる恋愛の完成である」。これを聞いてどう思う？

上野　わははは。梶原一騎《いっき》のマンガのアナクロなセリフかなんかですか？

湯山　この文言に、「素敵！」とグッと来るか、「ありえない！」とゲッと来るか、女たちの間でも反応が分かれるんです。あなたはゲッと来るほうね。ちゃんと脱洗脳されてる（笑）。このセリフの発言の主はね、高群逸枝《たかむれいつえ》。

上野　高群逸枝って、元祖フェミニストの？

湯山　そう、戦前のフェミで、平塚らいてうに「おネエさま、私こそ、あなたの魂の娘です」と強烈なラブレターを送った女性。それで平塚が〝愛《う》い奴じゃ〟とばかりにお墨付きを与えたという人です。

上野　その人が発したということは……、彼女はその発言にイエスだった、とな？

湯山　詩人、アナーキスト、歴史家という顔を持っていて、恋愛論を書いたんだけど、どうも誇大妄想の気《け》があった。夫に生涯尽くしてもらい、森の家で苦節10年、門外不出で女性史研究に従事したという伝説の主でもある。

湯山　スケールでかいっすね。こういう人がアルカトラズからトンネル掘って脱出するんだな（笑）。

上野　高群さんって社会主義には冷淡で、「社会主義革命が仮に成功しても、決して人は平等にはならない。特に女は平等にはならない。なぜならば、女には美醜の差があるから」というようなことも言ってる（笑）。

湯山　ソコかよ⁉　とツッコみたくなりますが、そりゃリアルだわ（笑）。でも、それだけのリアリズムを持ちつつも、この恋愛結婚妄想とは……。本人の中ではどう折り合いをつけてたんでしょうねぇ。

上野　彼女のこのセリフは、女にとってのリトマス試験紙みたいなもの。グッと来る人たちもいるわけね、偕老同穴《かいろうどうけつ》が理想であると。

湯山　正気の沙汰とは思えませんが、たしかにウチの母ちゃんあたりも、いけしゃあしゃあとこういうこと言いそう。

上野　それって、「死ぬまで私を愛すると誓うか」「誓う！」みたいな「べルばら」のオスカルとアンドレの契りか、「何があっても君のことを見守っているよ」という「冬ソナ」のヨンさまか、というほどの非リアルさですよ（笑）。

湯山　あー、でも、『ベルサイユのばら』を読んだ少女期には、たしかにグッと来てたことは否めん

上野　（笑）。

湯山　絶対にぶれない不動の愛。なぜなら、それは宿命の絆《きずな》だから。

上野　そう聞くと、けっこう、ドキドキするかもね（笑）。

湯山　〝宿命の〟と言った瞬間に、もう問答無用なわけ。根拠なき信念になるのね。前世から決まっている絆だと。そういう絆は育む必要もメンテナンスの必要もなくて、目と目を見たときに「わかったわ。この人よ、私の運命の人は」と、何の努力もなく思い込む。つまりは妄想なんだけど、なんでこの妄想がこんなに延命したんでしょ。これだけ現実に裏切られ続けながら、なぜ延命が可能だったのか。もはや日本の男に期待できないからと、今は韓流に行ってしまうなんて。

上野　これはもうはっきりしすぎているんだけど、日常のオフ時間を満たすテレビの連ドラや、バラエティ、マンガや小説などのエンターテインメントのバリエーションがこれまた全部、高群系ロマン妄想だからです。洗脳ですよ。

湯山　しかし、そのベタな揺るがぬ愛の賛歌は、もはや日本のシニシズムの文化の下では作れなくなりました。だから、韓流ドラマが流行り始めた。ストーリーにしろ、演出にしろ、日本のドラマは屈折なしで作れない。

上野　女だけでなく、マッチョなオヤジの中にも高群系がいる。渡辺淳一先生の恋愛小説はベストセラーですもん。

上野　でも、あの方は実際にはロマンチッククラブ妄想どころじゃなく、リアルな世界で相手を取っ替え引っ替えしてるんじゃないの（笑）。

湯山　いやぁ、私、『ドレサージュ』を読んだときにひっくり返って、腰の骨を折るかと思いましたよ（笑）。SMだし、私の敬愛する団鬼六先生の双璧になるような男のSM妄想が描かれていると思いきや、「え？　これをもって官能と言う？」と拍子抜けするほどヤワい。自分の妻をドレサージュ（調教）だとSMの業者に出した夫が、違う男にヨガってる自分の妻を見て、「ぎゃー、こんなはずじゃない」と騒いでる。いやいや、現実は、こんなはずだっちゅーの（笑）。それに読者はグッと来たって言うんですから、もう情けない（笑）。

上野　それは、谷崎潤一郎から連綿と続いている男のファンタジーでしょう。

湯山　そうなんだけど、中学生がコミケの同人誌で書きそうなネタで。いい大人の男がこれにハマるのかと。

上野　『愛の流刑地』が『日経新聞』に連載されていたときは、「新聞を反対側から開かせた」というほど、ハマって読む読者がいたとか。掲載されてたのが、新聞の最後のページだったから。

湯山　日経の読者って、谷崎を知らないってことですかね。

上野　谷崎の時代から男の妄想が変わってないということよ。

結婚の制度疲労と、フェミニストたちの結婚

湯山　「あれだけ急進的なことをやっていたのに、フェミニズムの女たちが一斉に結婚した」と以前に上野さんはおっしゃってましたが、その結婚の理由が、婚外子に対する不平等な制度ゆえだったとか。結局、結婚とは「制度」の話なんですね。

上野　まさにそうよ。結婚とはすなわち制度です。

湯山　今の世の中って、結婚も含め、制度疲労を起こしているものが多々あるのに、それを見ない振りして、「昔は良かった」と壊れかけた制度を延命し、温存してる。中でも、女性に関する法律や制度問題はデカいと思います。

上野　そこにはジレンマがある。制度疲労してるにもかかわらず、女の結婚願望はなくならず、婚活は相変わらずで、結婚のイメージは昔と変わらない。なのに、結婚市場のパイは小さくなっている。つまり、結婚できる女の指定席が減って、椅子取りゲームは以前よりも激烈化してる。しかも、やっと手に入れたからと言って、その結婚が安全とは限らなくなっている。

湯山　一生ものとも限りませんからね、もはや。

上野　それなのに、何なんでしょうね、この結婚願望は。不安な時代に安全保障を求める気持ち？　私自身は、自分の人生に保険を掛けないと思ってきたから、「男は好きでも、契約は結ばない」

というポリシーでやって来た。やっぱりよくわかんないところがあるのよ。リブやフェミの女たちがなぜ雪崩《なだれ》を打って、結婚していったのか。

湯山　それは婚外子の相続の不平等性のせいでしょ？

上野　リブは「一夫一婦制は諸悪の根源だ」とはっきり言った思想だったのに、そう言った女たちが一斉に結婚した。そう言えば、たいがい「できちゃった結婚」ね。「私はいいけど子どもが可哀想」って。なかには「非婚の母」になる田中美津さんのような確信犯もいたけど、レアケースね。そして、いつの間にか一夫一婦制を批判する人たちがいなくなった。それをたまたま小倉千加子さんが、「嫌いなもの、結婚しているフェミニスト」と言ったとたんにバッシングを受けたの（笑）。

湯山　一夫一婦制の結婚は理論上はダメだけど、現実的には、捨てたもんじゃない、という考え方もありますね。なぜなら、相手のここが嫌い、と心底思っていても、それを容認して、良いところを見つけようとする、寛容の精神が養われる。結婚制度は、「嫌い→別れる」という行動を事実上面倒くさくして、阻止させる。結果、お互いに人間的な成長をし合ったいぶし銀のような老夫婦ができる、というストーリーです。

上野　逃れられないように強制して忍耐力を養ったからって、奴隷の寛容よ。よいとは思えない。私は結果として〝おひとりさま〟を張ってきたから、おひとりさまを商売の種にできているけど

（笑）、結婚してたらそうはできない。それに、日本のフェミニズムの中でセクシュアリティ研究が十分に開花しなかったのは、フェミたちがみんな結婚していったからだと思うのよ。結婚したら、タテマエ上は、自分のセックスを封印しないといけないでしょ。既婚者が公然と自由なセックスライフを過ごせるなんて、極めて特異なケースだから。

湯山　あんなにセックスを連発したアメリカの人気TVドラマ「セックス・アンド・ザ・シティ」でも、ヤリマンのサマンサでさえ、結婚か自由なセックスライフかの二択で悩んで後者を選びましたからね。

上野　そうなると、セクシュアリティを開けっぴろげに語ることができるのは、北原みのりさんや上野千鶴子など、おひとりさまばっかりになっちゃう。結婚している湯山玲子はレアケースですよ（笑）。

子どもも部屋から出たがらない若者が増えている

湯山　疲労していると言えば、親と子の関係もですよね。その影響なのか、日本では特に若い男たちが保守化、右傾化してるのが気になります。「女がこんなに力を持ってるのに、俺たちは持てないのかよ」という不満を持ってる男たちのフツフツとした暴力性が。

上野　「日本の女がオレたちを相手にしない」と主張してる男たちね。社会の最下位にいて、自分たちより下にいるはずの女たちが、自分たちの思うようにならない、許せない、という暴力性。これは日本だけじゃなくて、外国にもある現象ね。

湯山　でも、とりわけ日本が悪くも思えるんです。今どきの若い男たちを何十人と街頭で突然インタビューするというコンセプトの、銀杏ＢＯＹＳの『ボーイズ・オン・ザ・ラン』のＰＶ。そこでは「あなたの夢は何？」とカメラが男たちに畳み掛ける。すると、答えは「世界征服」やら「みんなを見返す」やら「グラドルとラブラブ」みたいなことばっかり。もちろん、おちゃらける、というトーン＆マナーなんだろうけど、ＰＶの演出意図を割り引いたとしても、かなり本気も混ざっている。もちろん、小説家なんていうのもあったけど、共通しているのは、誇大な抽象イメージか、自分のことばかり。

上野　たしかに、無邪気過ぎるというか、社会性がないわね。自分の言うことを他人がどう受け止めるかを考えずに、非リアルな夢を語る。心理学用語で言うと「去勢されてない」という状況。去勢を受けるというのは、社会における自分の位置取りを学習し、分《ぶ》を思い知らされるということなんだけど、それがない。中学生が言うなら許そうと思うけど、30歳、40歳になっても同じ。女の子も同じ状況ね。自我が肥大して、過大な自己評価がある。それも中学生までならいいんだけど、大人になる前に去勢を受けてないのは、やはり学校教育と家庭の問題でしょう。

私としては、日本の教育と家庭の成果はこれなのか、と考えてしまう。

湯山　家庭環境で考えると、全共闘世代夫婦の子どもか、もしくは少し下ですね。大学生ぐらいだとすれば、私の世代の子どもたちですね。

上野　その親たちが、去勢されないままの子どもたちを育ててきた。むしろ、子どもの自立を阻んでる。古市憲寿くんは団塊ジュニアよりちょっと若いぐらい。私と彼、親世代と子世代の年齢差で対談本を作っちゃったのよ。『上野先生、勝手に死なれちゃ困ります』というタイトル通り、順番だから親は「勝手に」死ぬものだけど、それじゃ「困る」って言うのね。団塊親がどういう子どもを育ててきたか。子ども部屋の空気を、社会に出てもまんま持ち出してる子どもたちなんだよね。

湯山　子ども部屋から出てないから、「ポケモン・マスターが夢」と公然と言ってのける。女の子もそういうところありますね。ちょっと前までは、世間の空気として恥とされていたから、個々の人も恥ずかしいと思ってたのが、その感覚もなくなってます。

上野　「いい年齢《とし》をして」というのもない。「世間」とは目に見える社会のことなんだけど、その世間が解体して、子どもたちはあっという間にバーチャルな世界に行ってしまった。ガンダムと世界平和。あとはセックス？

湯山　それも、生身の女は苦手みたい。万能感が損なわれるから。でも、オナニーは人好き。

上野　たしかに。セックスはバーチャルでなくリアルだからね。リアルセックスよりバーチャルセックスのほうが好き、というのも去勢されてないからね。私が教育現場で実感してきたことと符合する。１９９０年代から２０００年代にかけての10年間、手に取るような変化があった。一言で言うと「学生の幼児化」。偏差値は高くても、とっても幼い。

湯山　私は非常勤で日大藝術学部で教えてるんですが、この数年の間だけでも幼児化は進んだと思います。そこにはやはり性差はなく、男も女も幼児化してる。

上野　困った意味でジェンダー差が縮小してるね。

湯山　それを表現として私が最初に受け取ったのは、ゼロ年代の後半。快快《ファイファイ》という劇団の芝居だったんですけど、男女の登場人物たちが軽い狂騒の中、ダラダラ遊び続けているというその子ども返りの関係性が、非常に示唆的でした。セックスを拒否するのではないんだけど、じゃれ合っていたら、入っちゃったァ系というか。大人の男と女のそれとは次元が違う感じでしょうね。その同世代の中には、彼氏と別れたあとに妊娠が発覚した女友だちをヘルプするために、その子と入籍してあげた男というのもいますよ。話を聞いてみると、まあ、軽い軽い。そんなに軽くていいのは、いろいろあっても子どもの自分と周囲が変わらないからでしょうね。皮膚感覚としては、５年前の大学生は私の高校生ぐらいの感じだと思ったんだけど、今は小学校３年生にしか見えない……。

上野　年齢に七掛けしたぐらい？　そうなると、20歳で14歳に相当するから、もっと幼いかしら。それを親も許容してる。親を見てたら、子どもを自立させたくないんじゃないかと思うもの。これは男親ばかりの問題じゃなく、女親のエゴイズムも働いてる。

湯山　母親のエゴイズム。親になっても子どもから降りたくない人たちが子どもを産んじゃった、という話は先の章でも出ましたが、それが子どもの幼児化を助長した。上野さん流に言うと、子どもが犠牲になっている。

上野　日本という国のサバイバルを語るときに、「次世代にツケを回すな」という話は避けられないけど、あなたと私の最大のハンデは、子どもがいないことなのよ（笑）。「子どもを持たない女が二人して、何を批判するのか」と必ず反感があると思う。でもね、子を産んでも産まなくても、次世代に対する責任があることは変わらない。その責任は我々も背負ってるのよ。

湯山　子どもがいないからこそ見えるものもありますからねぇ。

上野　そう！　子どもを持っていれば決して言えない発言が、私たちにはできる。「子育てに成功はない」とは、文芸評論家の柄谷行人《からたにこうじん》さんの名言だけど、子どものことを話すのは、どんなインテリの親にとっても最大のアキレス腱。内心に忸怩たる思いがある人はまともで、もし子どもを自慢しようものなら、アホなだけだと見なされる。ネガティブでもポジティブでも、親の立場で子どものことを話すのは、リスクが大きい。特にフェミ系の女にとってはそう。フェミ系の親子関係はいろいろ大変だから。その意味で、私たちのキャリアは傷ついてませんから（笑）、同世代の育てた子どもたちについて、忌憚《きたん》のないことが言える。それはこの二人の裏返しの特権だと思う。

継承すべき文化を失った「成り上がり」の悲しさよ

上野　坂東眞理子さんに「親は子どもに釣った魚をあげるんじゃなくて、子どもに魚を釣る術を教えなきゃいけない」という名言があるのね。彼女は子育てに厳しい人なんだけど、私たちの世代の親は全般的に、魚の釣り方を教えないで、魚を与える子育てをしてしまったみたいね。その背景にあるのは日本の家族の歪みであり、その中で生き延びて来た女の支配とエゴイズムだと思う。

湯山　魚の釣り方を教えなくても安泰で、このままハッピーだろうという空気が日本の社会にずっとあったからですよね。多少のことに目をつぶっても、大人の態度として流れに乗っちゃえー、という。景気もなんとか保たれるだろう、日本人は優秀だし……というゆるポジティブな空気が。キケンなのは「釣り方を教えないとヤバい」の方向が、お受験一本やりなこと。それも頂点が東大という世界のローカル方向ですよ。釣り方でいうと、和竿一本。延縄《はえなわ》やトロールで魚を持っていくハーバードやオックスフォードは眼中にない（笑）。逆の例では、ユダヤ人たちは子どもの小さい頃から才能を見つけて、〝釣り方〟を教えますね。私はバート・バカラックを敬愛しているんですが、彼の母親は、子どもが生涯食べて行けるようにと、遊びに出かけようとする彼を引っ張ってピアノの前に座らせ、弾かせていたんだとか。

上野　それを「文化資本」と言うのよ。文化資本とは、すべてのおカネや財産を失っても、どんなところに行っても、どんな状況になっても、決してその人から奪えないふるまいやスキル。その中に音楽のスキルも含まれる。ユダヤ人はそういう教育を子どもに一生懸命やるんだね。歴史的に身一つで移動することが多かったから。日本人には、その構えがどうしてないのかしら。そのことを坂東さんに水を向けたら、出てきたのが、「成り上がりだからでしょう」という答え。つまり、もともと家庭に継承すべきものがなかった。これも彼女の名言ね。戦争で多くを失った戦後の日本人は、国民全体が成り上がりだったわけだから、豊かであるとはどういうものかを知らなかったのよ。

湯山　よくわかります。エリートたちのホームパーティに呼ばれて行くと、その家ときたらとてもダサい。私がそれだけのおカネを稼いでいれば、調度品から何からすべて私の好きなように揃えるけど、まったく家人のセンスが生きてないんです。というか、どこの家もみんな同じ。ヘンな食器棚に、ウェッジウッドやらのティーカップのコレクションがバーッとある。あれ、見せびらかし用なの？　奥さんは専業主婦で、ボランティアでも何でも社会的な活動をすればいいのにと思うんだけど、エネルギーを注ぐのは、まぁ、子どものお受験オンリーですね。オペラとかクラシックのコンサートによく行くらしいけれど、感想は、「やっぱり本物は違うのよー」しか言わない。もっとおカネで買える快楽に陶酔すればいいのに貧乏くさいんですよ。

上野　成り上がりの悲しさは、わかりやすい富しか解せないところなんだよね。だから、ブランド品に走る。それも、自分が評価した結果でならいいんだけど、他人の評価で動いてる。なんか私たち、ご意見番みたいになってきたね。「おまえらの言うことなんて、聞きたくねえよ」と言われそうだ（笑）。

湯山　それでも言い続けますよ。だって、これ悪口だから（笑）。

地雷の上で、「絶対の安心」「絶対の信頼」を求める不幸

上野　子どもたちのことは深刻だけど、例えば、子どもの自傷系の問題が出てくると、発達心理学者や教育学者は「子どもに対して、絶対の安心や絶対の信頼を与えない親が悪い」と言いがちなのよ。「私を丸ごと受け止めて」という、女のロマンチックラブ妄想の問題としても指摘したけど、「絶対の安心」「絶対の信頼」を別の人格に求めるのは、いかがなものかと思う。たとえ

それが親であっても。そこそこの信頼、そこそこの安心でいいんじゃないかな。なんで〝絶対〟でなきゃいけないんだろうか。

湯山　まったく同感です。逆に、親子関係に狂いが生じている人たちって、愛情が強過ぎるんじゃないですか。しかも強烈な愛情の裏に、「こうじゃないと、お母さん、嫌いよ」という限定条件がついていたり。それが例えば、「きれいにバレエが踊れないと、あんたは嫌いよ」程度のことだったりするんですが、そう言ってのける冷たさがある。別なケースで、「私があなたを絶対に守る」という過剰愛もあります。

上野　「愛」じゃなくて、もっとわかりやすく言うと「支配」なのよね。「私の思いどおりになりなさい」という。

湯山　ああ、支配ですね。今、ものすごく多いと思う。親の支配以外のことを子どもがやることが、もう許せない。親は子どものすべてを知っておかなきゃダメ。というけど、モラル以前に子どもにとって不快、不都合なものが、発見されたら、その芽はつぶそうとするでしょうね。

上野　絶対の支配、絶対のコントロールね。でも、人間は長い間、絶対の信頼や絶対の安心の中で生きてきたわけじゃない。そこそこの安心、そこそこの信頼、そこそこの不安を持ち、やりくりしながら何万年も生きてきた。そう楽観的に考えればさ、今だってね（笑）。これまでもそこそこの安心で生きてきたんだから、これからもそこそこの安心で、地雷の上に座りながら生きられる。

湯山　その図太さが大人の見識でもあるワケです。

上野　地雷を見て見ないふりして、そこそこで生きていくんじゃないのという楽観論には、つながられないのだろうか。でも、原発はタダの地雷じゃない。

湯山　そのとおり。3・11以降の今は〝そこそこ〟じゃいられないですからね。

上野　そうね。そこがこれまでの何万年とは違うわけだ。

湯山　オヤジが威張るぐらいだったらいいんですよ。原発の問題がなければ、「まあ、いいや」と私も思いますが、いくらなんでも、とてつもない地震国のそれも活断層の上に原発はヤバい。

上野　原発問題を〝そこそこの不安〟だと思いたがる人は、たくさんいます。

湯山　そうですね。これが山火事であったり、痛みや被害が目に見えることだったら違うと思うんですが、放射能って体感できないですからね。ベクレルだ、セシウムだと言われても。髪の毛がごっそり抜けたと聞いても、その真偽もわかんないんですよね。ガンも痛みがないと、気がついたときには、手遅れですからね。

上野　見えないから、「ない」ことにしている人たちもいる。見えない、感じないということも、やり過ごせる一つの要因ね。

ネオテニーなニッポン人が、大人になるとき

湯山　そもそもいい年をした大人も幼いんですよ。私の周囲の同世代にも、子どもっぽい人は多いですよ。サブカルを支えている層でもあるんですが、肉体的には成熟しているのに、幼児のような幼さを残した「ネオテニー」っぽい状態なんですよ。そもそも、大人という概念にしても、日本の場合は、我慢という面だけが肥大しちゃって、自分の欲望と他人の欲望をすり合わせていいところで着地させる交渉や、顔で笑って、心で泣いて、に象徴されるプライドの保ち方は二の次。

上野　ネオテニーって、すごくおもしろいキーワードね。ネオテニーのまんま、子どものまんまでも生きていける社会を作ってしまったのが、戦後の日本なのよ。それはある意味、文部省の教育政策の勝利。そういう思考停止の社会を作っちゃった結果が、この原発事故。と考えると、今後もそうであり続けるんだろうか。ネオテニーの状態で、40歳、50歳になった人たちに、「大人になれ」と言ってなれるんだろうか。どう思う?

湯山　と、ふと、我に返ったんですが、私をしても大人になりきれていない気が……。

上野　50歳過ぎても、それでいいわけ?

湯山　肯定するとしたらね、40〜50歳になって初めて、小学校5年のときの、〝一番元気が良かった

お転婆の時代〟が戻ってきた感覚があるんですよ。若い男の子と釣りやクラブでいつも遊んでるわけ。いろいろこなして、リスクも抱えて、到達できたのは、子どもの時分の状態だったという。

上野　それを、「子ども」というのは違うんじゃないの？

湯山　たしかに、子どもっぽさは、自分の意思で動けない、依存しコントロールされる側であることを含みますから、好奇心を持った子どもとは意味が違う。でも、ネオテニーな人たちにいまさら大人になれと言ってもなぁ。

上野　例えば、80年代に浅田彰《あさだあきら》が書いた……。

湯山　『逃走論』ですね。

上野　うん。日本の戦後社会というのはある時期まで、非常に調和的に出来ていて、ネオテニーのまま生きていける高度な成熟社会が作られていたと、彼は言った。

湯山　その時代には、自衛隊に研修に行かされたりもして、滅私奉公しておのれの感情を殺して生きていくという大人の男のサラリーマンがいたからですよね。そんな生活を送るよりも、「ボクたちは、力はなくても、そういう面倒くさいものから逃げまくって、コドモでいいモン」ということでしょう。

上野　あのときは、社会全体がユーフォリア（多幸症）状態だった。

湯山　80年代は、糸井重里《いといしげさと》のコピー「不思議、大好き。」に代表されるように、子どもの心で遊ぶ大人を良しとする西武カルチャーもあった。大人は、「不思議」なんて考えている暇はありませんからね。私も、それらにすごく恩恵を受けた20代を過ごしました。それが3・11以降、全部、裏返っちゃったわけですよ。ネオテニーってバカにしてますけど、私自身の中にも、基本的にあるな。

上野　でも、あなたには政治の季節が来たって言ってたじゃない（笑）。

湯山　そりゃ、考えますよ。ちなみに池田理代子さんの『ベルサイユのばら』をひも解く連載を女性誌で書いてるんですが、フランス革命ってやっぱりおもしろい。そこで言うと、今はちょっとミラボー伯爵の気分なんですよ。『逃走論』の時代にマスコミの業界にいたのって、泡沫的な貴族みたいなもんだったと思うんですが、今や第三市民として革命参加か？　という心持ちで日々勉強ですよ（笑）。臭いモノと調和して生きていけると思っていたけど、やっぱりモトから断たなきゃダメ感はある。しかし今までの遊び呆けたヴェルサイユの生活があるから、よりいっそう。

上野　フランス革命と言えば、断頭台の露と消えた人についてのすごくおもしろい本を読んだのよ。遊び呆けてた人たちも、断頭台に立つと、貴族の矜持を見せて、最後は運命を受け入れて刑に服したんだけど、その中に成り上がりの女性がいて、処刑されるときに、叫びに叫んで、観衆に慈悲を請いまくったんだって。最後の最後の断末魔になるまで。処刑は見世物だったから、それほど大騒ぎしたら、おそらく観衆は反応しただろうと、著者は考えた。「考えてみれば、貴族たちは彼女のように大騒ぎをしないで、毅然《きぜん》として殺されていった。もし彼らがみっともなく騒いでいたら、断頭台という処刑方法はもっと早く終わっていたかもしれない」と書いていた。

湯山　なるほど、貴族は最後は覚悟を決めたんだ。「今まで遊んでて、すいません」と責任を取って。ノブレス・オブリージュということでしょう。

上野　そう。ちゃんと大人になって死んでった。命乞いもしなかった。やっぱり命乞いされると、誰でも後味が悪いのよ。観衆はみんな、ケツの穴の小っちゃい庶民だから、自分が残酷なことをしてるとは思いたくない。日本の死刑制度もそうだけどさ。

湯山　ふんぞり返って死んでいく貴族なら、「あいつは悪者だ。ふてぶてしいから殺せ」ってなるけど、わぁわぁ泣かれたら、ヤバいと思いますね。

上野　そうなの。だから、この本の著者はおもしろいことをよく考えたと思う。そんなときにも毅然とした人たちがいるんだなぁともね。日本の切腹だって、あんな恐ろしいことよくやりましたよね。だって即死できないのよ。

湯山　できないですよ。でも、遊び呆けてても、大人になるときはなる、ってことか。

上野　ネオテニーといえども、どこかで大人になるタイミングがあるのかもしれないわね。死の直前に大人になったって、遅いんだけど。

第6章

快楽とセクシュアリティ

タブーと結びついた、初めての「光合成」体験

上野　さて、セクシュアリティの話をしましょう。私は、湯山さんがご著書で女のマスターベーションを「光合成」と呼んだのは、大ヒットだと思います。光合成、つまり自家発電。自分でエネルギーと栄養を生成して、生き延びるってわけね。

湯山　そう、だから光合成（笑）。リア充と非リア充の文脈で話すと、非リア充側の恋愛ファンタジーって、実際、マスタベーションと深く関係してると思います。私、早かったんですよ。小学校2年生くらいのときに、ひょっとしたことから絶頂に達し、「あ、これだ」と思いまして。

上野　小2は早い。

湯山　うつ伏せになって足をバタバタさせてたら、急にガーンとエクスタシーに。よくあるうつ伏せ

系ですね。そのとき寝床でイメージしてたのが、うちの母親と姑である祖母が上半身裸になって、ボクシングリングで殴り合ってる姿だったの。二人は仲が悪くて、いつも戦ってたんだけど。

上野　そりゃ、おかしい！　それでイクの？

湯山　おかしいですよね。誰か分析してくれ（笑）。性的な記号としては、二人が上半身裸で殴り合うので、「戦闘」「露出」というのが含まれてます。

上野　女の戦いだったんだ。

湯山　二人の間の闘争心を、小さいながらにわかってたんでしょうね。〝後ろ暗い〟セックスというものの存在もどういうわけか無意識に感じ取っていて、それらが結びついたのかと。子どもっていろんなものを察知して生きてるものだから、タブーの意識もあったんでしょう。さらに、おもしろいのがボクシングのあと、その快感はすぐに世間一般の性の物語に回収されてしまうんですよ。擬似SMと言うんでしょうか、例えば、漫画の中で囚われの姫君が縛られちゃってるパターンとかね。これもまったく珍しくはないですが。

上野　その年齢でも、祖母と母に何か隠してるものがあると察してたんですね。それが煽情的に露《あら》わになって戦う姿になって。

湯山　おもしろいでしょ。闘争というエネルギーって、セックスにありますからね。

上野　ある。攻撃フェロモンと関係すると言うし。

湯山　それが私の原体験なんですよ。もちろん、親に見つかったときもあって、そのときのただごとではない感じから、すぐに秘め事にしたわけです。

上野　なるほど（笑）。男が出てこないっておもしろい。女系なんだ。

湯山　「オナニーは後ろ暗いもの」という人に言えない秘密を抱えちゃうことは、まず大人への第一歩でしょうね。昼と夜でもないんだけど、二つの世界を持ってしまう。家の中に『週刊新潮』がゴロゴロ転がってたので、いわゆる〝黒い事件簿（「黒い報告書」）〟がネタになってましたね。これまた、岩井志麻子さんをはじめとして、そう言う人も多いですけど（笑）。

上野　そういう本を子どもの目から隠そうとするような教育的な環境ではなかったのね。

湯山　それどころか、当時盛んだったスウェーデンポルノを父が大好きで、そのパンフレットが食卓にバサバサ置いてありました。父はその辺は大らかな人で、急に「活動を観に行ってくる」と言っては、スウェーデンポルノ映画へ（笑）。今でも覚えているのが『満熟』というタイトル（笑）。

上野　アダルトビデオが流通する前は、北欧系の無修正ものがひっぱりだこでしたね。ビデオデッキが日本の市場に登場したのが１９７０年。当初はアダルトビデオを販促のためにおまけに付けてた販売店があった。

湯山　ハードを普及させるためには、エロコンテンツというのは定番ですからね。

性の目覚め、『セクシィ・ギャルの大研究』への道程

湯山　上野さんの性の目覚めは、どうだったんですか？

上野　あなたのように大らかなご家庭で育ったんじゃなくて、ウチは親父が偽善者の耶蘇《やそ》教徒（クリスチャン）でしたからね。子ども心に「この人たちはセックスというものをやったことがあるんだろうか」と思ってた。でも、自分の顔を見ると、どう見たって親父のＤＮＡ（笑）。「私が生まれるまではやったんだろうな」とか考えたり。

湯山　親に対して、そう考える人は多いみたいですね。

上野　弟もいたから、私が生まれたあともやったわけだけど（笑）、「いつ、どこで!?」と訝《いぶか》しく思うほどの父親だったの。でも、親父が亡くなってから生前の秘密が暴かれて……。

湯山　あ、出ましたかー。

上野　「知らなかった！」といういろんな話を聞きました（笑）。でも、子どもの頃は潔癖な雰囲気でしたね。私が処女喪失作の『セクシィ・ギャルの大研究』で世間に出たとき、下ネタだったたから、「ウチみたいな堅い家庭で、なんであんな娘が出たんだ。おまえの躾けが悪かったからだ」

「あんたが甘やかしたからでしょ」と両親がなじり合ってた（笑）。偽善者的とはいえ、そういうピューリタン的な家庭で育ったから、私の性の目覚めはもっとクラシック。ママが読んでいた婦人雑誌の綴《と》じ込み付録からです（笑）。

湯山　いくつぐらいですか？

上野　高校生。あなたは最初からセックスが淫靡《いんび》な感覚と結びついてたって言うけど、そういう性に関する感覚、「これは何か隠さなければならないもののようだ」という感覚って、家庭だけじゃなく、同年代の子ども集団からも入るじゃない？

湯山　そうですね。

上野　私は、もっと悪いことに、子ども集団から隔離されてたの。

湯山　ご近所、いわゆるストリートで遊ばなかったんですか？

上野　ストリートの子どもたちの集団から隔離された、深窓のガキだったわけ（笑）。だから、子どもの世界で伝わるひそひそ話が私には入ってこなかった。

湯山　学校でもなかったんですか？

上野　学校の女子カルチャーやパワーストラクチャーの中で、一番小っちゃくて、一番奥手、なのに成績だけは抜群にいいという、別格に扱われるタイプだったの。で、女子グループから外されちゃってたわけ。外されてることにも気がつかないぐらい、ボォ〜ッとしてた子だったよ。

湯山　天然ちゃんだったのかー（笑）。

上野　いじめの対象になったり、仲間に引き入れられたりという、女の子集団のパワーポリティクスに引き入れられなかったのね。孤立してても孤立と思っておらず、転校生とお友だちになって。そんな子だったから、性のひそひそ情報が入らなかった。

湯山　なるほどね。じゃあ、何がきっかけになったんですか？

上野　思春期になると、男の子たちの態度が変わるのね。突然、「おまえ、女だろう」という態度になってさ。例えば、ラブレターが来て、「貴女《あなた》」と書いてある。それで返事を出したら、次の手紙に「君」とある。なんで返事を一回出しただけで、「貴女」が「君」に変わるんだろうと思った。そのまま放っておくと「おまえ」になりそうな勢い。

湯山　そんなボォ〜ッとした女の子だったとしても、異性をひきつける何かがあったということは、上野さん充分にモテ系ですよ。

上野　田舎の高校生だから素朴なものよ。ただ、「おまえは女だ」という男の子たちが与える指定席が、自分の間尺に合わなかったのね。あなたはそれを楽しんだようだけど、私はそのあとに控えているのが母のような人生だと思ったから。

湯山　それで、家を出て、京都の大学に進学したんですよね。

上野　「これが女向けのメニューだとしたら、こんな人生、やってられない」と思ったんだけど、そこから大きな葛藤が始まった。母親とはうまく行かないし、父親は私を溺愛しているのに、私は父親を軽蔑してた。それで何したかって言うと、親の家を出て大学へ行って、弾けた。親の禁止したことを一通り全部やったの。

上野　典型的なパターンですね（笑）。

湯山　スポイルされまくった子ども時代を過ごしてたから、「このままだと、人間としてダメになる」と思ってた。18歳で家を出たことは、自分でもいい決断だったと思う。

「性」という親離れの推進力

上野　親が禁止していたことって、まずはセックスですよね。

湯山　そう、まずセックス。そして、酒、外泊、学生運動。それから万引き。悪いことは、早めにやって早めに卒業しました。

上野　わかる。

湯山　それから、禁止されてた買い食い。

上野　地方の優等生ってそういうものなのかー。私、小学校のときから、シェーキーズやサーティワンに通ってたのに（笑）。

上野　まあ、一通りやったのよ。やりながら、「こんなにつまらないことが、どうして蜜の味がするんだろう」と思うわけ。理由は明々白々よね。なぜなら禁止されていたから。禁止が外れたら、どんなにつまらないことかがわかった。そして、禁止されたことを全部やりながら、ものすごく自分が不自由だとも思った。全然、自由じゃないのよ。つまり、抑圧を振り切るために、その反対の極を選ばなければならなかったってことなのね。

湯山　抵抗しただけ、タブーに反応しただけ、ってことですもんね。

上野　そうそう。親というものすごい重力圏から脱出するために必要だった。

湯山　推進力を要したわけだ。

上野　そういう推進力って爆発的なものよね。そういう暴力的な力が必要だったんだけど、それは自分を傷つけ、他人を巻き込み、はた迷惑そのもの。セックスなんかは一人では完結しないからね。ものすごくはた迷惑なんだけど、やめられない、止まらない。自由になるためにはこの抑圧を振り切らないと、次に行けないんだなってことは、あとになってわかったけど、当時は必死だったから。綱渡りするような恐ろしいこと、やってた。あのとき、よく妊娠しなかったもんだと思う。あとから、「あんた、よく京都の町を無傷で歩けたな」って言われてさ（笑）。

湯山　ホントですか。ということは、乱交とかワンナイトスタンドも？

上野　まあ、いろいろやりました。

湯山　まー、若い時分は、砂を噛むようなセックスばかりですからね。

上野　そう。で、一通りやったら気が済んだ（笑）。山のように悪いことをやったので、援交をやってる子や自傷系の子たちの気持ちが、すごくわかる。自傷すれすれのセックスもある。相手も自分も道具にしちゃってるような。自分だけじゃなく、相手の男もズタズタに傷つけてる。

湯山　今、思ったのは、性って、女の子にとっては親殺しするときのデカい推進力になるんですね。イニシエーションのようなものがあると思います。

上野　男にとっても女にとってもそうね。性は、親離れの契機。親に対する最初の秘密。やっぱり性は成熟の証《あか》しだから。だから最近、知人から自分の娘を自分の家で男と同棲させてるって聞いて、ゾッとした。

湯山　うわぁ！　気持ち悪いけど、そのパターン、最近、案外よく聞くかなぁ。親の言い分は、「自分の目の届かないところでコソコソするよりいい」って。またも管理支配。

上野　そのとおりね。母親はフェミなんだけど、自分の目が届くところで、娘に男とセックスさせるのは、物分かりの良さとは違うと思う。私が娘だったらそうはしないし、親だったら、「セックスしてもいいけど、私の目の届かないところでやれ」と言うと思う。そうしないと性が自立の契機にならない。

『ハイト・リポート』が明かした、女のマスタベーション

湯山　女の人がマスタベーションするって話は、つい2、3年前までタブーでしたよね。

上野　ただささ、快感って誰にも教わらなくても、小学生ぐらいから知ってるよね。それが何かはわからなくても。

湯山　女の人はまぁ、100%知ってますよ。アンケートの結果と違ってね。

上野　女のマスタベーションに脚光が当たり始めたのはごく最近、というのは間違い。1970年からの歴史を忘れちゃいけない。当時のリブの女たちがやったのは性革命だったんだから。それに、女性の性行動を調査した『ハイト・リポート』があった。『ハイト・リポート』のハイライトの一つは、女のマスタベーションを主題にしたこと。しかも画期的だったのは、量的な調査でなく、質的な調査をやった。性的な経験について自分の言葉で書いてもらった。あなたがいくつの頃だろう。小さくて知らない？

湯山　家に転がってた週刊誌を読んでましたから、存在は知ってましたよ。

上野　『ハイト・リポート』は、日本の女にものすごく大きな影響を与えたと思う。あのリポートがもたらした事件が二つあったの。一つは、女の7割から8割がセックスのときにイッた振りをしていると答えたこと。そのうち約8割が、男はそれに気がついてないと答えていて、それが

大きく報道された。もう一つが、女のマスタベーション。あの手この手のいろんなやり方が書いてあって、私は一通り試しました。あれは勉強になった（笑）。

湯山　ああ、そこが難しいところかもしれない。男の人って方法は単純だけど、女の人ってモノ派もいれば、床派やシャワー派もテクノ好きもいてバリエーションが豊かだから、あんまり他人と共有できないんですよ。

上野　それらがちゃんと、言葉で説明してあったのが『ハイト・リポート』なのよ。その直接の影響を受けて日本で生まれたのが、『モア・リポート　女たちの生と性』。似たような調査を日本の女性を対象にやったわけ。日本の80年代のフェミニズムの成果だと言っていいと思う。そこでも『ハイト・リポート』とよく似た結果が出て、その辺りから、マスタベーションはメディアに公然と出るようになりました。

湯山　そうだったんですか。

上野　それから性行動の調査に、女性のマスタベーションが調査項目として入るようにもなった。ただ、世界中のセックスサーベイでわかってることなんだけど、女性のマスタベーションは「過少申告」の傾向がある。

湯山　「やってない」とも言いますしね。絶対１００％だと、私は言ってるんだけど。

上野　やってないわけねえだろう（笑）。教えられなくたって、わかる。「やったことありません」っ

湯山　て言う人には、「嘘つくんじゃねえ」と思うよ。
上野　そうぃう女は、まず信用できない。
湯山　そこ、私たち完全に一致するね（笑）。ただね、マスタベーションを認めてる人でも、頻度や回数については、過少申告の傾向があるのよ。
上野　過大に申告して、お得なことは何もないからなー（笑）。
湯山　調査からはこういうことが、もう大体わかってる。たしかに、セックスの中でもマスタベーションってタブーだった。特に女の場合は。女のセックスは男のためにあるもんで、自家消費しちゃいかん、ということになってた。
上野　男に開花させられ、喜びを教えられ……というね。まあ、これロマンチックラブ幻想の根本でもありますからね。

マスタベーションと相手のあるセックスは「別腹」である

上野　ここ約30年ぐらいの間にセクシュアリティ研究が進んで、大きく変わったのは、マスタベーションは相手のあるセックスの代用品ではないとはっきりわかったこと。マスタベーションはマスタベーション。相手のあるセックスは相手のあるセックスだと。

湯山　それはそう。全然、別腹でしょ。いや、しかし、私にとっての当然は、往々にして皆さんのそれではないからなー（笑）。

上野　別腹って、うまいこと言うわね（笑）。つまり、一方が他方の代替になることはできないんだって。でも、調査でのマスタベーションの過少申告は、マスタベーションって相手のあるセックスの代用品で、相手のいない人の可哀想な代償行為だと思われていたから、言えなかったのね。

湯山　マスタベーションと相手のあるセックスが、理性的に因数分解できるようになったら、大手柄だと思いますね。もっと言うと、性欲と恋愛も別腹だと認識したほうがいい。男の人なんてすでにオナニー文化があるんだから、ムラムラの性欲処理と、彼女を作りたいという気持ちは違うと、文化的に知るべきですよ。女の人はオナニーそのものを同世代でもあまり語らないし、自分のムラムラをロマンチックな恋愛で消化させようとして男に突進していき、様々な悲劇が生まれてる。小説や映画なんかでも、女のムラムラは悪魔のような扱いを受けてて、女にとってはもうないことにしたい最上級品目だとも言えますよね。でも、実はそうじゃなくて、性欲はもともと人間である自分の肉体が持っているものだってことですよ。

上野　あなたの話を聞いても思うけど、「男に選ばれて何ぼ」という自己評価を、女の人たちは骨の髄まで内面化してるのね。マスタベーションと相手のあるセックスを同一視したら、結婚すれば夫も妻もオナニーの権利を奪われることになる。

湯山　この間も私が連載を持っている女性誌のお悩み相談で「夫が隠れてSMのエロビデオを持っているのがわかりました。ショックです」なんていうのがあってびっくりした。何がショックなのかようわからんかったですよ。

上野　夫に対しても、「私という者がおりながら」と妻が思う。夫にオナニーさせるのは、妻の恥みたいな。そんなバカなと思う点は、私たちは一致している（笑）。

湯山　ウチは夫婦で、全然平気ですよ。夫にはエロ本のコレクションがありますし、私の方もBLマンガが本棚中にあふれているし。

上野　あなたたちのように、夫婦間にマスタベーションのタブーがないカップルは珍しい。なぜかと言うと、射精は、相手のために残しておくべきもので、ムダにしちゃいかんから（笑）。本当は別腹なんだけどね。

セックスの頻度とその人の幸福感。その相関関係は？

上野　90年代になって、世界的にかなり大規模かつ科学的な、疫学的セックス調査が登場しました。これには二つの意味があった。それまでのセックス調査は、どれもボランタリーサンプル（自発的志願者）による調査だったんだけど……。

湯山　それだと、偏向が出ますよね。

上野　そう。もともとセックスに関心の強い人が答えることになるから、バイアスが掛かる。そこで、この「科学的」な調査は、大規模な集団を対象にランダムサンプリングという方法で行われたんです。フランスとイギリスとアメリカで、サンプル数が数万規模の大きな調査でした。

湯山　疫学的サーベイというのは、何だったんですか？

上野　エイズの蔓延が調査の背景にあった。それで、公的機関が予算を確保できた。どのぐらいの同性愛者がいて、その同性愛行為の頻度とエイズの蔓延の程度を、疫学的にシミュレーションするために、基礎データが求められた。その口実のもとで、性科学者、性行動の研究者たちがエイズとは関係ない質問も、調査項目に紛れ込ませちゃった。

湯山　予算が出てるんだから、やっちゃえーというところですね（笑）。ナイス！

上野　それが『セックス・イン・アメリカ』という本のもとになった有名な調査。そこですごくおもしろいデータが出たの。「性交頻度とマスターベーションの頻度とは相関する」という結果。

湯山　お盛んな方は両方お盛んということですね。これは、私の認識とも一致するなー。

上野　性的に肉体が活性化してる人は、他人の身体に対しても、自分の身体に対しても性的に活性化すると。私はマスタベーションのことを「自分の身体とのエロス的な関係」、相手のあるセックスを「他者の身体とのエロス的な関係」と定義しているの。自分の身体とエロス的な関係を持っておかないと、他人の身体とエロス的な関係を持つなんてできない。だから、マスタベーションはやっぱり基本の「き」なのよ。

湯山　アルファにしてオメガですね。

上野　そう、まず自己の身体といかなるエロス的な関係を結ぶかは、すごく大事なことで、他のものによって代替できないこともはっきりわかった。その調査がさらにおもしろいのは、セックスを頻回にすること、もしくはほとんどしないことと、その人の幸福感との間には、何の相関もないという結果が出たこと。性的に活性化してるしてないや、マスタベーションとセックスの頻度の大小は、幸福感とは関係ないというわけ（笑）。

湯山　そこには、ちょっとカクッと来ちゃうけどな。

上野　私はその結果を見て、目からウロコが落ちる感じがした。やっぱりそうだったのかと。

湯山　やっぱり自分がアクティブ系だと、そうじゃない人を貧弱に思うし、幸福じゃないだろうと決めつける自分がいた、と自己反省なう（笑）。

上野　それはセックス強者の発言ね（笑）。実際には、別にセックスがなきゃないでも低位安定している。穏やかな生活で、かえって幸せだったり。例えば、グルメでうまいもの食って楽しい思いをしている人と、お茶漬けと梅干で幸せな人と、一方が他方を羨《うらや》んだり蔑《さげす》んだりする理由は、別にないんだよね。

湯山　私はそこ、自戒しなきゃいけない。しかしですね。暑苦しいと思われるだろうけど、私、絶対こっち側がいいと思ってるんですよ。

上野　どっち？

湯山　グルメのほう（笑）。

上野　まあ、文化ってそういうもんだから。文化は倒錯や退廃を含めて、目的を失って進化したものなんだから。セックスも文化だから、クオリティという点では、いろいろ食べて楽しんでるグルメ型のほうが、豊かではあるでしょうよ。

湯山　でも、今、更年期の性欲減退に見舞われてまして、ふと、お茶漬けと梅干でいいかな、と気弱になってる自分がいる。ダメダメダメ。フォアグラとトロを忘れてはいけない（笑）。

「生涯に性交した相手は3人以内」という事実

上野　日本でも実は同じ時期に、厚労省と名前が変わる前の厚生省が、エイズのための科学的疫学調査を実施したのよ。だけど、データが一人歩きすると困るというお役所的な理由で、公表されてない。

湯山　どっかで聞いたことのある理由だな（笑）。
上野　それで、ＮＨＫが独自に調査したの。『日本人の性行動・性意識』という本になってる。その調査設計と分析の監修をしたのが、私と宮台真司さん。
湯山　おお、どんな結果が出たんですか？
上野　これもねぇ……、日本人のセックスはこんなにも貧弱だったのかって結果（笑）。頻度も少なければ、相手の数も少ない。男女共にほとんどの人が生涯に性交した相手が、３人以内で納まってた。
湯山　マ～ジですか？　ホントに私が知ってる世界って日本のドコなんだろう（笑）。
上野　大多数の人がそうなのよ。対極に「20人以上」というところに、もう一つのピークがあるんだけど、それは少数派。でも、世界中の庶民のセックスって大概そんなもの。それほどお盛んじゃない。みんな、慎ましく生きてるということがわかる、まぁ、ホッとするようなデータですよ。
湯山　ホッとですと⁉
上野　だって、セックスを頻回にし、相手の数が多いと、刺激も大きいけど、その分ストレスやリスクも高いのよ。
湯山　それは、そうだ。

上野　アメリカのデータでは、40代以上で、セックスパートナーがたくさんいる「恵まれた」シングル男性と、既婚の男性と、どちらのほうがストレスが高いかというと、シングル男性のほうがはるかに高いことがわかってる。

湯山　自分でハントしなきゃいけないから、ということになりますからね。

上野　メンテナンスにいろいろコストがかかるしね。妻は一番メンテにコストがかからないセックスのパートナー。さらに、既婚男性のほうがシングルの男性よりも平均寿命が長かった。だから、結婚は男の健康にも精神衛生にもいいのよ。女は逆かもしれないけどね。

湯山　あ、さっき、結婚の話題で出たように、もはや夫婦間のセックスは、肌のぬくもりがいつでも保証されるメンタル&ボディの長命健康法と考えたほうがいいですよ。

セックスよりも強固な、マスタベーションのタブー

上野　2009年に、山田詠美さんが『学問』を書いたでしょ。「私は欲望の愛弟子《まなでし》」と、なかなかいいキャッチも付いていて、マスタベーションに目覚める子ども時代から女主人公の一生を書いた、いい小説でした。それが日本の女性作家が女のマスタベーションを題材にした、初の小説だと言われましたが。

湯山　そんなになかったですか？　松浦理英子さんの『親指Pの修業時代』もそうだったんじゃないですか。

上野　『親指P』はマスタベーション小説とは言えない。足の親指が性器化するという、身体的にありえないSF的設定だったから。もちろん、それ以前にも、セックスが好きだと公言する女性作家はいましたよ。岩井志麻子さんや村山由佳さんもそう。セックスから始まる愛もあるという物語を書いたのは山田詠美さん自身。それが、マスタベーションを正面から取り上げた初めての小説と聞いて、今さら感があった。フェミ業界ではそんなのとっくに言われてた。小説のほうが遅いって。たしかに、フェミの世界でも、セックスよりマスタベーションのタブーのほうが強いことは強いけど。

湯山　それって、ネタの問題が大きいんじゃないかな。申し訳ないですが、自分のネタ、マッチョな物語ですから。それこそならず者の義父、鬼龍院政五郎に犯される夏目雅子とかさ。古いか（笑）。

上野　インモラルっていうより、わかりやすい家父長的物語ね。でも、わかる。そこはアキレス腱なのよ。フェミでもどっちが萌えるかっていうと、犯されるほうがいいとかね。

湯山　今はその点、別腹感も堂に入っているので乗りこなしてるけど、少女の頃は、その物語をファンタジーとして遊ぶ余裕がなかったから、自分のアンビバレンツさが抑圧的に働いてた気もしますね。

上野　セックスについて、マスタベーションのほうがタブーとして強いっていうのは、おもしろい現象よね。セックスは基本的に他者のために存在すると思い込んでるのか、ヘテロセクシズムがあまりに強い。この壁を破ったのが、90年代に登場した獣フェミニスト集団FROG。20代の若い女の子たちが、オナニー話で盛り上がろうとグループを作った。タブー破りの活動でしたね。

湯山　まあ、不思議ではありますよ。だって、女の人が自力でセクシュアリティを自分に取り返すオナニーって、フェミの一番の柱だとも思いますけど。恋愛も結婚も、男と関わるものは結局、制度的な縛りがあるんだから。

上野　そのはずなんだけどね。でも、どうかしら。ガールズトークであからさまにセックスの話をする女の子たちも、同じ場でマスタベーションのやり方を微に入り細に入って言うと思う？

湯山　言わない。着目すべきは、そこですよ。

上野　でしょ。やっぱりタブーは、セックスよりもマスタベーションのほうが強い。

湯山　教えや躾けや罪悪感が原因なのか。フェミの女たちをもってしても、そうとはね。

上野　なぜなんでしょうね。「自分の性欲は男のためにある」という刷り込みがあるのかな。男によって選ばれ、男によって快感を得るということが、どこまでも内面化してる。性欲を自家消費

湯山　することへの禁止は根強いわね。それには、マスタベーションは男に選ばれない者の代用品、惨めなセックスというイメージが、まだまだあるんでしょうね。

湯山　あとはですね。ネタとなると、男は攻め、女は受けのポルノ紋切り型を好んでしまう、というのは、男に「ホラ見たことか？」とツッコまれやすいからでしょ？　そんな隙をフェミは嫌ったんだと思います。

自分の女の体を愛することと、アンチ挿入至上主義

湯山　上野さんも『女ぎらい　ニッポンのミソジニー』で書いてたけども、フェミニズムの一派の人たちって、女のこの体を憎んでる感じはないですか？　それが、マスタベーションの好悪に大きく関わっていると思う。

上野　ああ、そうね。あると思う。

湯山　実はそれが、多くの女たちをフェミニズムから遠ざけてるんじゃないですか。

上野　その指摘、素晴らしいね。やっぱり、憎んでる体は愛せないわよ。愛せない体とエロス的な関係は結べない。基本は、自分の体を愛せるかどうか。自傷系のセックスというのは、自分の肉体をどぶに捨てる行為をやってる。それって、自分の体を憎んでるからなのよ。

湯山　ＳＭも、過度のＭに走る女っているじゃないですか。奴隷志願の。ああいうケースも、絶対自分の体を憎んでますよね。

上野　ある種の自罰志向よね。自分が嫌っているものを罰して欲しいという。

湯山　やっぱり思春期の問題って大きいと思うんです。私はたまたまファッションといったことで乗り越えたんだけど、多くの女の人が、急に胸が大きくなったりという体が変化する時期を、うまく乗りこなせないんじゃないでしょうか。

上野　母からの刷り込みが大きいと思うな。あなたの母親は、初潮のとき、どんなふうに反応した？

湯山　これまたウチはひどかった。母がバタバタ忙しいときで、「今、なっちゃったの？　じゃ、はい」って、生理用品をボーンッて投げられて、すごく軽いものとして対応されました。

上野　赤飯を炊いたりはしなかったのね。

湯山　炊きませんよ。だからナプキンの使い方もわからず、閉じたまま使ってたら、「あら、教えてなかったかしら」みたいな反応。

上野　子どもに関心を持たない親だったのね。かえって、よかったかも（笑）。私はなにしろ、アンネナプキン以前の世代だから。ウチは家業が医者だったから、脱脂綿が山のようにあって、母が使い捨てナプキンを手作りしてくれてたの。あとで気になったんだけど、ナプキン以前の時代ってどうしてたんだろう、明治や大正の女たちはって。

湯山　ぼろ布で作って、洗って、使ってたんですよ。「お馬」って言われてたやつを。今、エコ派の人たちは、洗える布ナプキンというのを使っている人もいますよ。ミソジニーに話を戻すと、体の構造として、女は男が勃《た》たなければ性交できないという刷り込みもありますよね。その性の不平等感をもって、「おまえがブスだから、俺を勃たせてくれない」というようなことを男がよく言うけど、そんな刷り込みも、女が自分の女性性を恨む背景にあるんじゃないですか？

上野　男と女の非対称性は解剖学的宿命によると、あなたは言いたいの？　それだと、挿入絶対主義になる。

湯山　あ、私は挿入至上主義じゃないですよ。挿入は好きではありますが（笑）。世間一般にある刷り込みの話です。

上野　挿入だけがセックスじゃないとなれば、男が勃たなくなって女が傷つく必要はないんだけどね。萎《な》えたチンポコを慈しみ合って、添い寝すればいいんだから。

湯山　しかし、「挿入が絶対だ」と、男以上に女も思い込んでいる。

上野　「オレをムラムラさせない女は女じゃねえ」というのは、たしかに男の中にある。女とは男の性欲の対象、すなわちムラムラするモノだから。でも、ムラムラ、ドキドキ、ワクワクというの は、相手に予測できない部分があってこそ生じるものでしょ。だから、慣れ親しんだ肉体より、そうじゃない未知の肉体にムラムラするのは当然。食い慣れたものより、食ったことのないものにゴックンと唾が湧いて、「おお、食ってみよう」と思うのと同じ。性欲には、そういう要素があると思う。

湯山　大いにありますねぇ。

上野　ムラムラだって経験と学習。なのに契約を結んで、「私以外にムラムラするな、ムラムラしてもガマンせよ」というルールを作る。その必要はないと思うけど。

湯山　そういえば、ムラムラの方向が、日本はものすごく狭いですよね。若い妊娠可能な女のみ。最近は、だいぶそうでもなくなっているけれど。

上野　セックス文化のシナリオが貧しい。

湯山　ヨーロッパなんかでは、ムラムラの層が厚いでしょ。

上野　日本でも今、風俗は熟女と人妻が熱いという話よ（笑）。

湯山　でも、残念ながら、マザコンタブーの底が抜けた感じですよ。熟女好きに話を聞くと、柔らかく自分を包み込んでくれる、甘えられる、面倒くさくない、いろいろ優しく教えてくれる、みたいな言葉が並ぶ。まったくもって「お母さん」を求めてる感アリアリですよ。

多様性を楽しむ、セックスのすすめ

湯山　私、思うんですけど、一般的なセックス観ってどうしてもエクスタシー偏重ですね。イって何ぼ。

上野　射精偏重ね。

湯山　そうなんです。でも実は、セックスレスの夫婦もそうだと思うんだけど、性交はなくても、ベタベタとした添い寝主義の人って多いんじゃないでしょうか。私はそれもセックスの一つだと思ってるんです。

上野　私もそう思う。

湯山　言ってしまうと、もうそんなに激しいものを求めてないし。日本のリアル夫婦間のハッピーセックスの方向はもはや、オナニーと添い寝の両立かも。

上野　セクシュアリティは多様なものだからね。性感帯だって、全身にあると言えば全身。その気になれば、あらゆる感覚が性感になる。マッサージしてもらうときは、性感をピタッと遮断しとかないと、感じてしょうがない（笑）。

湯山　うわっ。上野さん、そりゃ全身性感帯宣言（笑）。

上野　それだけ性感のヴァリエーションがあるなら、関係次第で何だって性的な関係になるわけよ。指をつまんでるだけでもそう。だから、挿入・射精至上主義というのは、男の思い込み、強迫観念だと思うね。

湯山　ハリウッド映画なんかを観ると、アメリカもまだその強迫観念は強い。

上野　世界中、男はどこでもそうよ。バイアグラが売れるところは、みんな、そう。

湯山　日本でも売れてますよね。あと、もう一つ日本人のセックス観で思うのは、「コンプライアンス社会」が家庭の中に入ったのか、今、ものすごく厳格になっている。私の親世代では、もうちょっとユルかった気がするんですが。男の浮気だけはゆるされていた、という不平等感はあったにせよ、「浮気が人に非《あら》ず」ぐらいになったのは最近ですね。相手に知られなければ、お互いにセックスをどこかでやって来てもいいという暗黙の了解に耐えられないとも言える。なぜならば、みんな子どもだから。

上野　そもそも結婚って空洞化された契約で、制度結婚には契約違反は織り込みずみという考えが、一つあるわね。あなたの結婚観に近いと思うんだけど。それとは逆に、性の相手が変わる度に家族の解散と再結成をくり返すという結婚もある。

湯山　アメリカがそうですよね。

上野　私の場合は誰とも専属契約を結んでないから、自由に言えちゃうんだけど。

湯山　私も全然、旦那の浮気とか気になりませんよ。

上野　浮気じゃなく「婚外性交」と言い換えたらどう？　でも、ほかの女に惚れてるって言われたらどう？

湯山　ああ、それも全然気にならない。ほかの女への恋心と、私への愛情は別腹でしょうから（笑）。

「予測誤差」があるほど快楽の刺激は強い

湯山　さっきも告白しましたが、私、オナニーで欲情する萌えポイントは、ものすごくマッチョかつヘテロセクシャル。はっきり言って、男による肉体開発物語は、プロジェクトX並みに好きです（笑）。しかも、絶対に美男のみ。

上野　だから、わかるってば（笑）。私だって受動のほうが萌える。

湯山　もう全然Mなわけです。ただ、それはファンタジーだから、私自身もいいとしてるんだけど、実はここでも考えるところがありまして。日本人の性愛モードと言いましょうか、ファンタジーの中のヘテロ暴力性の萌えドコロのみを快感の回路として強化育成してしまう悲しさがあるんですよ。セックスの間、目の前のリアル肉体よりも、頭の中では擬似SMを妄想していたりとか、快楽の回路をオナニー的な方向に持って行きがちという。これが例えばね、キリスト教文化圏の白人たちのセックスなら、妄想ファンタジーを使うよりも目の前の相手と工夫して、快楽を一緒に高め合う、文字通りの〝メイクラブ〟ができるんじゃないかなと。違う性器を持つ者同士がイコールで、共同作業としてヒューマニスティックなセックスを営むというような。

上野　そのタイプのセックスって、日本人とはできないの？

湯山　日本の場合、男女差と権力支配ファンタジーを萌えポイントとして使うセックスが刷り込まれてる気がします。

上野　それじゃ日本文化論みたいな運命論になっちゃうわね。M系妄想について話しましょうか。熊谷晋一郎さんという脳性麻痺で車椅子生活をしてる小児科医がいます。彼が自らの経験を『リハビリの夜』という本にまとめ、賞を獲った。その彼と「快楽」をテーマに対談したときに、二人の意見が一致したのは、「快楽とは受動的なものである」だった。

湯山　おっ、その心は？　マッサージ師よりも客のほうがいいに決まってる、ということですか。

上野　性欲の主体になるより、性欲の客体になるほうがいいに決まってるもんね。だって、欲望の主体になるということは、自分の欲望をコントロールし抜くことでしょ。考えてみてよ。最後まで統制の下に置かれた欲望なんて、快楽に達するわけないじゃない。快楽とは自分の統制から放たれたところに初めて到達する忘我だから。

湯山　ああ、もうコレは異論なさすぎ！　人間はとにかく面倒くさいことがキライだから、むこうがイロイロやってくれるほうがいいというだけ。

上野　ただし、リアルなMと妄想のMとでは違いがある。彼が言うには、マスタベーションの快楽と、相手のあるセックスの快楽と、どちらも快楽には違いないが、相手のあるセックスのほうが、快楽が深いのは理由があると。ほら、自分で自分をくすぐるのと、相手にくすぐられるのと、どっちがくすぐったい？　くすぐられるほうでしょ。これを医学用語では感覚器官の「予測誤差」って言うんだって。

湯山　予測できないから、よりくすぐったくなる。

上野　そう。自分で欲望をコントロールし抜くと、予測誤差がなくなる。でもって、予測誤差があるところのほうが、刺激はより強くなる。

湯山　この予測誤差論はいろんなところに当てはまりますね。

上野　そこに私が付け加えたのは、「予測誤差も安心の範囲にないと、自我の譲渡はできない」ということなの。だって、本物のレイプだと予測誤差を簡単に超えてしまうし、単に恐怖にしかならない。安心の範囲にあって初めて予測誤差は快楽となり、コントロールから逸脱して自分を委ねられる。それが、熊谷さんと二人で納得した結論よ。

湯山　プロのSMのSの方は、あらかじめM志願者とサインを決めておくらしいですよ。イヤは続行、ダメといったらもうストップ、という。でも、本当はその決め事もあ・うんでわかってくれる人が最高なんですけどね。

上野　そうそう。実はその話は、「僕もどっちかって言うと、欲望するより、されるほうが気持ちいいです」という熊谷さんの一言から始まったの（笑）。男だって本当は、そう思ってるんでしょうね。

湯山　非リア充とリア充のバイリンガルの私ですが、どうして、リア充を続けていられるのかがよくわかった。リアルの現場はやっぱりどんな完璧な予測ともいつもズレていて、そこがおもしろいんですよ。その段で言うと、もはや仕事は、だいたい飲み込めちゃっているから、予測誤差快楽は少ない。しかしながら、まだまだ恋愛はその予測誤差への希望があるんじゃないかと、ね。無理目のイケメンや美女に、ダメもとでいってみたら、案外イケた、というのは、最大快楽でしょうから。

マグロ化する男たち。果たして人生の果実は得られるのか

上野　男の快楽に関してなんだけど、日本の性産業ってものすごく技術革新とスピードが速い。これまでもテレクラやらアダルトチャットやらと、次々と開発された。このめくるめく技術革新の中で、日本の男たちは受動の快楽に早くも目覚めてしまったんじゃないだろうか。ソープランドって、その典型だと思う。

湯山　「マグロの快楽」ですね。

上野　そう。何もしなくても、ラクして、快楽に導いてもらえる。男にそれを覚えさせてしまったのよ（笑）。風俗系ライターのルポを読んでいたら、最近の風俗では、とにかく男はピクリとも動かず、女が何もかもやってくれるのが一番受けるんだって。寝てるところに乗っかってくれるというもの。いやはや、ほんとにもう。

湯山　彼らにとってセックスって、どれだけ面倒くさいものになってるんでしょうかね。それで女のほうも伝統に従っておしとやかに待ってるんじゃ、二人で横たわって終わりですよ。

上野　今やマグロは女じゃなくて男。しょうがないわね。こんな状況だと、あなたが言った男女が合意によって対等に作り出すメイクラブ、予測誤差の駆け引きの楽しさなんてあり得ない。どうすりゃいいの（笑）。

湯山　男がマグロの快楽を覚えたことと、草食系男子の増加は、つながってますよね。逆に言うと、マグロの女を黙らせてでもという、かつての男の益荒男《ますらお》振りは、原子力保安院のごとくに今や崩壊してしまったということです。

上野　男も女も、「相手のあるセックスは面倒くさい。自分でコントロールの効くマスターベーションのほうが確実に快楽が得られてラク」という人、増えてるでしょ。

湯山　でもなぁ〜、面倒くさいって言ってたら何も……。

上野　そうよ、予測誤差は楽しめないよ。

湯山　生きること自体が面倒の塊《かたまり》ですからね。軽々と自殺してしまう風潮も、笑えないことだけど実はそんなことかも。

上野　とりわけ文化なんて、予測の立たない未知のものをどうやってプログラミングするかってこと。その未知なるものの中には、不安という未知、快楽という未知の両方がある。そこでキーワードとして出てくるのが、「安心」や「安全」なのよ。信頼の中で与えられる予測誤差だから、快楽につながる。だって、子どもが「高い、高い」をしてもらって、きゃっきゃと笑えるのは、安全に扱ってもらえる信頼があるからでしょ。次の瞬間に手を離されると思ったら、そりゃ恐怖。だから、「信頼」というファクターはどうしても外せないんだけど、それを面倒くさいと言い始めると、予測誤差を伴うような対人関係そのものが、作れなくなってくる。

湯山　さきほど仕事の話をしましたけれど、仕事だって実はそういうことに満ちているんですよね。私の友人で大手の出版社に勤める編集者が、半年ほど前に、抜擢を受けて、名物女性雑誌の編集長になったんですよ。彼女はどちらかというと、才能はあるけど会社の鬼っ子みたいな存在だったから、その事態にビックリしたんだけど、彼女を強力にプッシュした役員というのが、実は彼女とはいつも衝突していて、常に難癖をつけていた上司だった、という。良い話でしょ？　こういう、素晴らしい予測誤差が仕事の現実には忘れた頃にあったりするから、みんなハマるんですよね。

男と女がイーブン、かつ、気持ちいいセックスを求めて

湯山　この間、宮沢賢治を読んでたんですわ。

上野　へぇ〜。これはちょっとした予測誤差（笑）。

湯山　でね、その中で宮沢賢治が自分の地元である東北の農村の現況を批判しているんですよ。農民の人生には、セックスと労働しかないと。

上野　しかも、クオリティの低いセックスだった。乗って3分、あがいて3秒。夜這《よば》いのセックスは前戯も後戯もなしっていう。

湯山　だと思います。彼はそんな状況がイヤだから、違う世界があるんだということを伝えたいと、芸術を投入した。それが彼の啓蒙原型だったわけですが、予測不可能な遊びを楽しむこともない、社会の仕組みって、実は宮沢賢治の時代に限らず、今もあって、そこに押し詰められてる人が多い気がしますね。

上野　そこからセックスがなくなってますよ、今は。

湯山　ということは、労働だけ？　たしかに、セックスを拒否する人たちもいるけど、一方で性に自覚的で旺盛な人も増えています。特にこの5年ぐらいの間で、私の周囲には不幸ではない、艶福家ともいえる女たちが増加してますね。

上野　あら、どういう人たちの集団なのかしら（笑）。旺盛とは、何を指して言うの？

湯山　自分の性欲をはっきり自覚してるし、隙あらばこの肉体を謳歌するぞ、という旺盛さ。

上野　セックスの敷居が低くなっているのは事実。でも、クオリティセックス、つまり、気持ちのいいセックスになってるのかな。最近、北原みのりさんの著作『アンアンのセックスできれいになれた？』の書評セッションを、WAN（ウィメンズ アクション ネットワーク）の上野ゼミでやったの。そのときに出たのが、セックスのハードルは低くなっているのに、女の子たちがいまだに「やらせてあげている」と言うという話。陰々滅々としちゃった。性に対するタブーはなくなってないけど、性行為のハードルは低くなり、女が男に尽くす「やらせてあげる」というモードは変わってない。

湯山　私は、ちょっと見方が違いますね。北原さんが『アンアン』のセックス特集が、愛されるためにと女に奉仕ばっかりを説いて、風俗嬢のサービスに貶《おとし》めちゃったと怒ってらっしゃいますが、それだと男女のモデルが古いと思うんですよ。だって、今までずうっとそのサービスを男がやってたんだから、今度は勃たない男に女が手練手管を使う平等な時代が来たってことじゃないの？

上野　でもね、『アンアン』の特集で「なんだ、これは。みんな、風俗嬢になったのか」と思うようなな、フェラのスキルなんかが解説されている一方で、セックスをしている若い女の子たちに

「気持ちいい？」って聞いたら、「気持ちよくない」って言うのよ。私は良いセックス、悪いセックスの判断基準は、シンプルに快感原則だと思ってる。気持ちよくないセックスは、やめろよって言いたくなる。つまりね、クオリティセックスになってるのかどうかなのよ。セックスも良貨が悪貨を駆逐するというふうになれば、盛んなほどいいと思うんだけど、どうもそうもなってない感じがする。

湯山　今や、消費と身体性しか、高度資本主義社会の中で際立って輝きを持つものはないと言われる時代でしょ。身体性全体の快感は、グルーミングやファッションで得られもするけど、最終的には人と人との触れ合いの快感が一番です。日本って日常的なハグの習慣もないし、それはそれで合気道習えっていうのもあるけど（笑）、セックスの人肌ダイレクトタッチのよろこびを求めて、女の子がそこに向かうのは、生命としてまだまだ正常ですよ。

上野　マスタベーションもエステも、全部含めて、自己と自己身体とのエロス的な関係だと思う。逆に、自己身体とタナトス的な関係を結ぶこともある。それが自傷や食べ吐きになる。セックスが、自己と他者身体とのエロス的な関係だとしたら、気持ちよくないセックスをやる理由ってない。

湯山　今までは女の人って受け身で、マグロになってれば、いろいろやってくれるしいうのがあったけど、男がマグロの状態を甘受し始めちゃったんだから、もうしょうがない。今の男が向こうから来なくなったから、女側から歩み寄ってるだけで、それを娼婦のテクだと考えるのは、被害者意識が強すぎですよ。

上野　相変わらず、女に奉仕させるってのが気に入らない。

湯山　ノーマルな男女関係だって、奉仕のし合いじゃないですかね。

上野　セックスが「気持ちよくない」という子たちのことが、気になるわけよ。

湯山　それは若いからですよ。

上野　学習が足りんってこと？　そう来たか、おネエさん。今の反応は予測誤差でした（笑）。

湯山　もっと言うとですね。フェラでオエッとなって気持ち悪いというのは、男性のクンニも同様。しかし、その気持ち悪さを超える喜びは、もう快楽にあえぐ相手の表情っていうやつです。もはやそれは風俗系の奉仕ではないでしょう。やってあげて気持ちいい、やられて気持ちいい、このイーブンさが一番いいんですよ、セックスは。

上野　もちろんそうよ。そうなってないから、「やらせてあげてる」という言い方が出てくるんでしょう。あなたの周辺の女のサンプルとは違うかもしれないわね。でも、学習が足りないって、どれだけやればいいのよ（笑）。

湯山　そりゃ、人生死ぬまで勉強ってことです。

第7章　加齢という平等

加齢は誰にも選択できない

上野　子どもを産まなかった女がどうして弱者目線を持てるかと言ったら、「加齢」が引き金なんですよ。子どものいない老後ほど、みじめなものはないと考えられてきましたからね。子どもを産むか産まないかは、今や選択の対象になったけど、加齢は誰にも選択できないから。

湯山　できないですね。誰だっていつかは絶対に弱者になる。

上野　そう。それがイヤなら早死にするしかない。私は、超高齢社会は福音だと思ってるんです。いずれは誰もが弱者の立場になるから。あなたは、昨日より今日の自分が良くなるという進歩の思想をお持ちだとか（第4章参照）。もちろん、人間には向上心というものがあります。それは立派なことだけど、それを一生、続けられると思う？

湯山　まあ、続けたいとは思いますよ。

上野　自分が加齢を自覚し始めて思うのは、メッチャクチャ、メモリーが落ちてること、ボケももう遠くないかもしれないぐらい（笑）。例えば、ある人と話してて、その子どもの話が出たときに、「うちの長男がアメリカ在住だって、前も言ったでしょ」と言われるような忘れ方だったら、「あんたのガキのことまで覚えてられるかよ」と思うけど（笑）、そのレベルを超えてる。特に人の顔と名前が出てこない。その人とどこで会ったかとか、目の前にいても名前が出てこないとか。

湯山　メモリーやスキルが、加齢とともに劣るのは当たり前ですからね。私が思う向上は、人格的な向上かな。人間的に未熟な部分が、どんどん成熟していくんじゃないかという。それも違います？

上野　たくさんの年寄りを観察した上の結論は、年を取ることと成熟することには何の関係もないということです。

湯山　たしかに、成熟ではなく、現状キープをガンコに行く人は多い。

上野　残念ながら、年齢と成熟には何の関係もありません。若くても老成した人はいるし、反対に年を取っても未成熟な人はいます。晩節を汚す人もいるし。人は経験から学ぶと言うけど、経験から学ぶ人と学ばない人がいる。

湯山　それはそうですが、少なくとも老いても学んでいきたいもんです。機能が衰えることとは、また違う話ではあるけど。

上野　私の実感だけど、高齢になっても、人間的な成熟を感じさせない人もいる。でもね、私より年上の女性が他人に悪態ついてたりするのを見ると、心からホッとする自分もいる。「あ、いいんだ。この年になってもこのまんまで」って（笑）。

湯山　むしろ人間らしさが感じられると。

上野　年を取っても自分の未成熟なところをさらけ出してるんだけど、「いいじゃん、これで」と思えるの。目くじら立てずにそう思うところが、こちらの成熟と言えば成熟かもしれないけれど。

湯山　年寄りの開き直りと容認。これもリアルには迫力ありますが、昔はあれだけ立派だった人が、ここまで狭量になるかって例もありますからね。

上野　そうなのよ。自分の肉体をコントロールできないことが120％わかってるのと同じように、自分の精神もコントロールの下に置くことはできないんだなと、だんだん、しみじみ思えてくる。それが私自身が介護研究から学んだ成果ね。

湯山　しかしながら、上野さんご自身は今の私と同じように、基本、経験から多くを学ぶ向上の人じゃないですか。その現実を知ったとき、ガックリしました？　やっぱり人間なんてって感じで。

上野　自分にもし年を取った成果があるとすれば、「あ、これでいいんじゃん。ジタバタしても」と思えたことなのよ（笑）。

湯山　それは、いつぐらいに思ったんですか？

上野　この10年ぐらい介護の研究をやって、イヤと言うほど年寄りを見てきたことと関係があるわね。ボケた年寄りって、できれば見たくないものでしょ。でも、自分がそうなっていくかもしれない近未来なのよ。やっぱり、超高齢社会になって良かったと思う。みんな、100％加齢するんだもの。

湯山　そこに差別はないですね。残酷なまでに。

30代後半から40代にかけて、女の性欲はマックスになる

上野　超高齢になる前に、更年期が来ますね。更年期以降の女は〝上がった女〟と揶揄され、男から選ばれない女になる。石原慎太郎が「老婆は生きてること自体が罪深い」って言ってのけた存在になるわけだけど。

湯山　アンタがそうなんじゃないか、と心ある人はみんな言ってますよ（笑）。ともあれ、女の賞味

期限についてては話したいですね。

上野　「女の賞味期限」というのは、誰にとっての賞味期限かと考えると、これまでは男にとっての賞味期限を意味していたよね。大塚ひかりさんが『いつから私は「対象外の女」』という本を書いてたけど、大体30代後半からモーレツに焦る。40代半ばぐらいが出産の上限ということもあって。そこを過ぎれば更年期が始まる。

湯山　更年期の前って、女は性欲がマックスになりますよね。よくこれ、アメリカ映画で妊娠したい女性が「私の中の時計がチクタク言ってるの」という言い方で男に強烈にモーションかけている。マドンナもたしかにそういう言い方をしていた。

上野　30代後半なんて、いちばんやりたい盛りでしょう。この手の話でいつも思い出すのは、森瑤子さんの『情事』。作家というのは、その時々の切実な経験を作品の形で残してくれる。彼女はあの小説で、30代後半の賞味期限切れ直前の女の「性に対する渇き」をちゃんと表現した。当時、多くの既婚の女のハートを鷲摑《わしづか》みにしたのが、「セックスを反吐《へど》が出るまでやりぬいてみたい」というくだりでした。後年、森さんに会って「その当時、思ったとおりにおやりになりました?」と聞いたときは「それはね、作家は願望を作品に書くんですよ」と答えをはぐらかされましたけど。その気持ちは同年齢の女たちにとても共感された。私はその年齢に到達したとき、ちゃんと反吐が出るほどやったの（笑）。だから悔いはないわ。

湯山　私も40代に入った頃は、マックス感あったのに、それが数年前、更年期が始まった頃からストンと性欲が落ちちゃった。小学校からオナニストだったので、性欲とうまく付き合えていたし、女には珍しく自分の性欲を自覚できたタイプだったのに、つるんでた人生の相棒が急にいなくなったごとくの心持ちですよ。これからどうすればいいいんでしょうか（笑）。

上野　更年期以降のセックス、超いいテーマです。

湯山　かつてだったら子宮に火がついたような状況でも、もう眠くなっちゃって即帰宅という同輩は多い。

上野　その気持ち、よくわかるわあ（笑）。「明日早いから、ちょっと勘弁してよ」って気分になってしまう、自分が情けないわね。

湯山　この葛藤は女の人には聞けないんだけど、かつてモテてお盛んだった60歳ぐらいの男性に聞くと、男もそうだって言いますね。「男は40歳過ぎるとポテンツが落ちる。そこからは昔の記憶のメモリーでもって、脳で欲情し、セックスするんだ」そうで。

上野　脳でするって言ったって、男は勃たなきゃ如実にわかるから、演技できないじゃない。ああ、いいわあ、あなたとこんなに下ネタ話ができるなんて（笑）。

更年期について語り合わない、女心のトラップ

上野　最近、『アエラ』の更年期特集の取材を受けたんだけど、読者の反応がすごく良かったって。更年期の本を書いてくれと言われたんだけど、断ったの。だって、私は更年期の現役じゃないし、ずいぶん前のことだからもう覚えてもいないしね。

湯山　更年期のことは、フェミニズムではもちろん語られているわけですよね。

上野　80年代のアメリカで「ボストン・ウィメンズ・ヘルス・ブック・コレクティブ」というグループから女のカラダの本が刊行されたんだけど、それを翻訳して、『からだ・私たち自身』という本を出したのは私たち。出版社という出版社に断られたものの、WANを作るもとにもなったウィメンズブックストア松香堂が出版してくれた。カネにならないことはわかっていたから、私がアメリカの版元にお手紙を書いて、「翻訳しようと思うが、私たちにはカネがない。版権をタダでください」とお願いしました（笑）。そうしたら、本当にタダでくれた。

湯山　すごい！　やってみるもんですなあ。

上野　すでに各国語に訳されてました。そこで初めて、更年期と女の加齢について書かれてた。レズビアンについての章もありました。全9章を9人の女が1章ずつ分担して、無報酬のボランティアで翻訳して、フェミニストの英文学研究者に監訳を、産婦人科医に監修をしてもらって、

出版しました。私も翻訳チームの一人でした。当時の日本語のその分野のボキャブラリーなんて、「陰毛」や「陰部」ぐらいでしたから、私たちで「性毛」やら、新しい言葉を作ったりもして完成させた。その本の中で、更年期について女が口々に経験を語るというのが、とても新鮮な経験でしたね。

湯山　日本の文化では、それが初めてだったんですか？

上野　最初はアメリカの女たちの声を借りてのことだったけど、そのあと、その本に触発されて日本でも関連書も出ましたし、フェミニストの間では、女の更年期は定着したテーマでした。だから、『アエラ』の編集者に更年期の特集の反響が大きかったから本を書いてもらえないかと言われて、ちょっとビックリしたの。「更年期のことは、女同士でもしゃべらない」と聞いてね。今どきの女たちには、自分の下半身について話すのはそんなにハードルが高いのか。「こういうのは自分だけだと思ってた」みたいな、読者の反応があったと聞いて驚いちゃった。

湯山　更年期って、女の加齢においてマイナスの刷り込みが強いんですよ。「女が終わる」とか、そういうイメージを、メディアやらお笑いの毒舌やらで浴び続けていますからね。だから、更年期については口に出さない。

上野　「ラクになった」というのはないの？

湯山　それがまた、少子化のご時世だから、またも、メディアの怒濤《どとう》の産めよ、殖《ふ》やせよキャンペーンで子どもを産めない女のポジションが弱くなってるじゃないですか。ホントにあの石原発言の両輪ですよ。それゆえに、上がったことをポジティブには捉えないんじゃないかな。

上野　そんなにスティグマ（不名誉の烙印）が強くなっちゃったの？

湯山　そう思いますよ。女が終わるということへのプレッシャーは強いですね。この間も女としての魅力も仕事のキャリアも輝いていて尊敬する年上女性社長が、その話になった途端、「私はまだ毎月あるから」と自慢げに言っていた態度がそれを物語っています。たぶん、ウソだと思うんだけどね。

抗うべきか、女の賞味期限

上野　いつから賞味期限切れの女になるのかって話でした。

湯山　そうです、「女の賞味期限」問題ですよ。

上野　うんと昔は30歳まででした。「お褥《しとね》すべり」とかね。それがアラフォーに延びました。更年期の訪れが賞味期限切れだとするなら、出産能力と連動してるわけ？　私はアメリカの例をいろいろ聞いてるけど、ＨＲＴ（ホルモン補充療法）ってあるでしょ。

湯山　はいはい、私、興味はあるんですよ。

上野　あれをやると、上がった月経が元に戻るみたいね。また出血が始まっちゃうとか。

湯山　えーっ？　基本的なことだけど、私が読んだポジティブ記事やムック系にはそこのところは書いてなかったなぁ。だったら、いいや。

上野　エステ的な効果では、お肌の潤いが増すらしいけど。それだけでなく、ＨＲＴをやると、「またパンツが汚れる」ってことらしい。それ、すごくない？

湯山　考えてみれば、そういうことですよね。

上野　ある産婦人科の先生から聞いたんだけどね。それを聞いてイヤな感じがしました。アメリカの女がホルモン補充療法をやるのは、膣の潤いが戻ることで、「いつでも現役です。スタンバってます。受け入れＯＫです」と言えるからなんだって。気持ち悪い。

湯山　あ、そういう感覚？　脳卒中と心筋梗塞のリスクが減るなら、私は案外、やるかもしれない。

上野　リスクが伴うとしたらどうする？　乳がんリスクが高まるのよ。

湯山　ほんと？　そうでもないって数字も出てません？

上野　それ、自分に都合のいいデータだけを信じたがる、原子力ムラの人たちと同じよ（笑）。

湯山　そうくるか（笑）。でも、ＨＲＴ然り、女が現役を続けるための賞味期限情報に急にバタつくのは、正味の話、「あまりセックスやってないのに、年取っちゃったー」という後悔ですよ。結局ね、みんな、セックスをし足りてないからだと思うんですよ。

上野　「セックスし足りてない」は至言ね。今は亡き森瑤子様の名言「反吐が出るまで……」に通じます。だから、やるべきときにやっときゃ良かったのに。私は一応やっといたから。

湯山　しかしながら、やっても、やり尽くせないのがまたセックス（笑）。

上野　それはそうだ（笑）。

湯山　今、更年期を経験してる、もしくはその前で騒いでる40代って、世代的にまだ処女信仰が強かったときだから、全般的に男性経験も少ないんでしょうね。

上野　サッサと結婚しちゃってるからね。

湯山　しかも日本の場合、結婚してもセックスレスになるから、「まだ数えるほどしかやっていないのに、私、もう更年期の中高年」と思ってる人が多いからこそ、女の賞味期限、とバタつくんじゃないでしょうか。

「頭を下げてでも」という熟女の新機軸

上野　女が自分の賞味期限をどんどん延ばしている状況って、何かしら？　今後も延びて行きそうな勢いだけど、いつまでも「現役」を張る女たちが増えてるのって、見てるとなんか気持ちが悪いのよ。桐野夏生さんの小説に『魂萌え！』があるでしょ。未亡人になった60歳の女が、夫に愛人と子どもがいたことを知って衝撃を受け、夫の親友とできちゃって……という話で、「女に賞味期限はありませぬ」と言うことらしい。でもね、必死になって賞味期限を無期限に延ばさなきゃいけないというのも、つらいもんだなという気がする。

湯山　私は、「美魔女」を見ているとツラいですね。

上野　それ、説明してくれる？

湯山　40歳過ぎても20代にしか見えないように、若作りに命を懸ける女たち。何が気持ち悪いって、その年になってもまだ選ばれる花でいたい、男から手折られたい、という感性のあり方がイヤ。ここにかけるエネルギーと時間の膨大さとその結果、得られるもののバランスが悪すぎて気味が悪いんですよ。

上野　ああ、そうね。そういう賞味期限の延ばし方も気持ち悪いですね。

湯山　自分が賞味期限を過ぎて、男が向こうから来ないんだったら、こっちから行けよと思うわけですよ。それは何も美魔女にならなくても、いろんな方法があるじゃないですか。例えば、私が常日ごろから提唱している〝おもろい女〟になってもいいし。

上野　カネと権力で釣ってもいいじゃないね（笑）。

湯山　そう！　いろんなヴァリエーションがある。若い男が見向きもしなかったら、頭を下げてやってもらうぐらいでも、いいんじゃないでしょうか。

上野　男はそうやってきたわけだから。ツラの皮の厚さと財布の厚さで。

湯山　「すいません。こんなお腹《なか》だけど、ちょっとやっていただけませんか」ってね（笑）。そこにあるペーソスは、田中小実昌《こみまさ》級でしょ。

上野　こちらから頼まなくても、カネと権力があれば、若い男も若い女も寄ってくるでしょうよ。現に、若い女はカネと権力のある男に寄ってった。渡辺淳一さんのエッセイを読んでたとき、「あなたなんて、財布の厚さとツラの皮の厚さでモテてるだけでしょ」と失礼にも思ったんだけど、彼はそれを先取りして、「財布の厚さも男の魅力のうち」と書いてた（笑）。

湯山　さすがである！

上野　それで女が寄ってくるなら、問題ないだろうとね。

湯山　これだけ多様化していて、女も社会に進出してきたんだから、いろんな魅力、それは職業的な魅力でもいいんだけど、そういうものを何でも動員して、頭を下げてやっていただいてナンボですよ。実際、年齢が低いほうの人が上に欲情するのは難しいですよ。男だって煮え湯を飲んでるんだから、女だってそういう形で頭を下げればいいのに、いまだに〝待ち〟の若い女の姿勢でいるというのは……。

上野　「美魔女」というのは、自分の年齢を受け入れてないわけ？

湯山　はい。長い髪で脚がきれいで、腰はくびれてて……と、完全に若作りで、娘と同じ服を着てるタイプですからね。でも、実際には十分成熟した中年女じゃないですか。四十路《よそじ》の内面の魅力でモテている女は本当に多いのに、そこではなく若い娘と同じところでモテていたい。いつまでも女子でいたいという魂です。女とは男から誘われてナンボ、と考えている感じでしょうか。

上野　そこには「女を降りない」と「子どもを降りない」の二つがあるわね。庇護され求められる存在でいたいのと、責任を取りたくない、大人になりたくないという両方がさ。

湯山　まさにそう。「セックスしてください」と自分から頭を下げる恥ずかしさを背負わないし、それをペーソスであったり、年を重ねたカッコよさとは、決して思わない女たちです。

半径3メートルのストレスフリー

上野　土下座でも札束でツラを張るのでもどちらでもいいけど（笑）、女も断られる経験に慣れて、学習しなきゃいけないね。

湯山　そのとおり！

上野　断られて立ち直れなくなるったって、自分の存在が全否定されるわけではないんだから。たかがセックスですよ。「一緒にご飯、食べよう」と同じ。「今日は都合悪いから」と言われたら、

「じゃあ、またね」でいいじゃないの。

湯山　年取ってるんだから、若い男に断られるのは当たり前ですよ。人生の苦さとは、年を取ることと。男たちはそれをやってきたし、自嘲の笑いに持っていくこともできる。

上野　「女も断られることを学習しなきゃいけない」とは、私もだいぶ前から言ってきた。選ばれることに自分の全存在をかけてるから、「ノー」と言われたら全存在を否定されたと思うのよ。

湯山　40や50になってもお子ちゃまなんですよね。その幼稚さが気持ち悪いよ。

上野　性愛の経験を積んでないんでしょうね。全体にコミュニケーションのスキルが低いと思うけど、コミュニケーションの中でも性愛コミュニケーションってハードルが高いじゃない。予測誤差が大きいから。その訓練を積んでないのよ。60歳ぐらいになった女が、「一生に一度でいいから、恋愛がしたい」とか言うのを聞いたら、ずっこけちゃう。

湯山　それありがちですね。『全身小説家』って井上光晴のドキュメント映画があるんだけど、彼に心酔する文学バアさんたちがそういったモード丸出しだったなー。

上野　60年も生きてきて、恥ずかしいからやめてくれと思うよね。40代の頃、私と同世代の女が、離婚をしてグズグズ言ってたときに、「自分でわかってるのよ。男さえできれば、問題は解決すると思うの」って言った。

湯山　ええー、そうなんですか？

上野　いいのよ。私はそこで答えたの。「私もそう思うよ。あなたが今言った程度の問題なら」って。でもね、それで済まなかった。「どうやって男を作ったらいいかがわかんないから教えて」と返されて、のけぞりました（笑）。男がいさえすれば解決できる程度の問題は、はっきり言ってあるし、あっていいのよ。でもさ、調達する方法を教えて、と言われてもねえ。

湯山　その年齢までに身につけておくべきものでしょう。

上野　若いうちに結婚し、出産して、ずっとそのダンナとだけ暮らしてきたから、性愛コミュニケーションのスキルがないんでしょう。訓練もできてない。いやはや。あなた自身は、半径3メートルはいい男で固めてるんでしょ？

湯山　フフフ。それくらいは50歳過ぎれば、実現しないとダメですよ。

上野　私も身の周りは、ストレスフリー。そのぐらいの調達力はあるよね（笑）。

ベストセックスは、生涯を回顧したときにわかる

上野　今の若い子たちに、「やってるの？」と聞いてみると、「飽きました」って言うのがいる。飽きるほどやってから言えって思うんだけど。

湯山　AVの見過ぎなんじゃないですか。浴びるほどその手の知識やオナニーネタがあるから、それ

でもうやった気になっていたり。

上野　それがさ、「何人かとやりましたが、誰とやっても変わり映えするもんではないし。で、飽きました」とか言うの。若いのにね。

湯山　その「飽きました」の感覚って、実はいろんな年齢の女たちが持ってますよ。男も言うんだな。大してやってないくせに。

上野　そう、割と簡単に言うよね、「飽きました」って。「飽きました」と「面倒くさい」の二つ。これは、予測誤差を拒否する態度よ。

湯山　まあ、そういう物言いは、カッコいいですからね。私、山田詠美の『ベッドタイムアイズ』を地で行く、性欲のお盛んな女の人と会ったことがあるんですが、彼女ほど経験のある人でも、まったく飽きてませんでしたよ（笑）。しかも、華麗なる性愛遍歴を打ち止めにして彼女が結婚しちゃった理由が、ずばりセックスの相性。

上野　どんな結婚をしたの？

湯山　会社の同僚の日本人と普通に結婚。彼女、普段は有能な管理職なんですが、土日は完全にブラック専科のビッチ。だから、その裏の活動をやめて結婚したことに、みんなが驚いた。なぜその男性と結婚することにしたのかは、毎回のセックスで確実にエクスタシーに達せる相手だからだって言うんです。100万人とやってもそれほどの相性はない、もうほかの男は要《い》らないと。まさにエクスタシーの一点だけを追求して結婚した。

上野　その人、何歳？

湯山　35歳ぐらいです。

上野　ニンフォマニアやドンファンと言われる人たちの回顧録を私、けっこう読んでるんだけど（笑）、大体ワンパターンに集約される。いわく、「いろいろやったけど、記憶に残るベストセックスは、本当に愛し合った相手と、互いに許し合ったセックスをしたときだ」って。

湯山　そう言ってるわけなんですね。

上野　男女問わずそう言ってる。生涯を回顧すれば、きっとそうなるんだろうな。あまりにありきたりな、でも、納得できる真実だと思うけど、35歳でその真実に達せるのか。その人、これから先の性愛コミュニケーションを封印できるのかしら。それには人生は長過ぎる。

湯山　私も自分の内なる性欲が40歳を超えてからマックスになりましたからね。彼女もそうなる可能性は十分にある。

上野　人生は予測誤差が多過ぎるから。「ベストセックスの相手」は、老いてから人生を回顧したときに初めて言えるセリフなんじゃないかな。

日本人の性愛コミュニケーションの質

湯山　日本の男と女が結婚して、「家族になっちゃうと性欲が湧かない」とよく言うじゃないですか。それって、セックス自体が精神的なものに偏り過ぎてる気がします。またぞろ出てくる、恋愛心のドキドキがなければセックスも発動しない、と。だから、テレビの人気変身モノでは、スタイリストらのプロにお願いして、ダンナをあの頃のステキな彼に戻してほしい、と。その夜だけは、セックスが二人の間によみがえるんでしょうねえ（笑）。対照的なのが、欧米型の〝メイクラブ〟セックスか。男女ともに人間がもともと持っている性欲を認めて、それを解消しなきゃしょうがないって、結婚してからも義務のようにセックスをする。恋愛を発動しなくてもいい、身体的なセックスだと思います。

上野　私はヨーロッパ人のメイクラブは、半ば儀式化したセックスだと見ますけどね。セックスの絆を確かめ合わないと、結婚が維持できないという強迫観念。不仲の夫婦でも同じベッドで寝なきゃいけないって、ほとんど拷問状態だと思う。ああしないと、世間体が保てないのがヨーロッパなんじゃないの？　あれも不自由なもんで、別に愛の証しではないと思う。

湯山　「人間の身体にそういう器官がある、ということは使いなさい、できれば正しく！」という考え方が、キリスト教のモラル下で自然に受け入れられているんじゃないですかね。

上野　どうだろうか。日本の場合は、身体的なセックスだって、結婚して何十年も経って、それまでの関係が壊れてしまっていれば、亭主を相手にクオリティセックスなんかできないんじゃない？　気持ちいいセックスは、互いに合意と安心があってできるものだから。ところで、湯山家の寝室は、ダブルベッド？　それともツインベッド？

湯山　布団を横に並べてます。だから、ゴロゴロと向こうに行ったり、戻ったり。島国じゃないんで、よく国境紛争になってますよ（笑）。

上野　うまい解決方法ね。お布団一枚を奪い合ったり、相手の寝返りが響くという関係ではないのね。

湯山　私ね、何にせよ、技術巧者ですから（笑）。でも、ヨーロッパのカップルのように、定期的に性愛コミュニケーションを持たなきゃという心構えは、悪くないと思いますよ。

上野　私は日本の高齢者のセックス調査を見て、つくづく感じたことがあるのよ。「セックスは快楽だったか」と聞くと、イエスと答える女性が圧倒的に少ない。ないほうがましだったとか言うの。夫婦間のセックスの質が、ないほうがまし程度のものじゃねえ。

湯山　具体的な調査があるんですか？

上野　日本で最初の高齢者のセックス調査に、大工原《だいくはら》秀子さんという保健師さんによる『老年期の性』という本があります。80年代に、70歳以上の日本の男女に聞いたデータ。当時だと明治生まれの女たちになるんだけど、その日本の女の大半が、セックスで快感を感じたことがないと答えたの。「一刻も早く終わってほしいつらいおつとめ」と答える女性もいました。

湯山　まあ、その頃の女性こそ、貞女モラルの強制力マックスですからね。

上野　さらにうんざりするのが、今の10代の女の子たちで、男とセックスをしている子たちが、セックスは「楽しくない」と言いながら、「やらせてあげる」という言い方をすること。性愛コミュニケーションの質は、明治生まれも今も変わってないんじゃないかと思うぐらい。

湯山　10代、うーん、その女の子たちの声は、ちょっと下方修正に過ぎる気もしないでもない。なぜなら、アダルトビデオに進んで出演する女の子たちなんかは、より良いセックスをプロとやりたいがため、という発言もある。『週刊プレイボーイ』なんかのAV嬢インタビューを読むと、まあ、あっけらかんとセックス好きを語っていますよ。どう読んでも、それは言わされていたり、ではない。

上野　AVへの出演は、承認欲求の表れもあると思う。

湯山　それもあると思います。でも、ある程度の割合で、純粋にセックスへの興味から、という女の子がいる。今の20代、30代は、私の時代よりも確実に好色な女が増えている感じがしてますね。

上野　なるほど。一方で、その上の世代で、セックスし足りてない女たちは、「私はこのまま性の快楽を知らずに死ぬんでしょうか」みたいなことを言うのね。ダンナとのクオリティセックスは望むべくもないから。

湯山　それは、もうはっきり言って、他流試合しろとしか言いようがないですね。ダンナと言葉で話し合って解決する方法もあるけど、それができる人は少ないと思うし。恋愛スイッチでセックスをやってきた人たちは、今さらそのポイントをずらして健康法セックス、友情セックスっていってもできないだろうし。

上野　うん、私もね、相手を変えろと言う。それしかないですね。

物語性をなくした老いらくの性欲は、純潔なるものか

上野　さて、高齢者の光合成の話をしましょう。マスタベーションは、セクシュアリティの基本の「き」で、自分の身体を愛せるかどうかの問題。高齢者の研究をやっていると、いろんなケースがある。最近、認知症患者が自分の経験を自分の言葉で語るという試みがされていて、それを読むと、どういうときにパニクるか、どういう対応をされると安心できるか、ということが書かれている。その中に、セックスや性欲について書いた人が、たった一人いる。アメリカ人のダイアナ・マクゴーウィンという女性で、「性欲がロケット噴射のように昂進する」と言っ

てる。

湯山　ロケットのように、ですか。そりゃすごい。

上野　ロケット噴射のような性欲が起きると言うのね。ほかの事例では、高齢者施設で入居者がマスタベーションをやっているのを、ワーカーさんたちはわりと目撃してるわけ。某施設では、安全確保のために全居屋にカメラが付いていて、それを監視室で見てたらしいんだけど、99歳のお婆さんがマスタベーションを始めたんだって。それで若い職員が「こ、こういうことになってますが、どうしましょう?」と焦って聞いた。施設長がよくできた女性で「やらせておきなさい」と言ったんですって（笑）。

湯山　それは素晴らしいですね。

上野　できれば事例を集めて、高齢者のセクシュアリティについての研究をちゃんとやろうと思っているんです。

湯山　画期的な研究になるんじゃないですか。

上野　うんと小さいとき、最初に身体の快感を覚えた際、初めからM妄想を持ってたわけじゃないでしょ。

湯山　ほら、だって、私の場合はボクシングという闘争ストーリーでしたから（笑）。

上野　それもあとから学習した物語ですね。妄想は、あとで学習していくもんなんだよね。性欲の中にある物語性が学習によって獲得されていくものだとしたら、もしかしたら加齢とともに、それらが脱落していくかもしれない。それが私の今の仮説なのよ。

湯山　年を取って、認知症であったり、何らかの理由で意識上のコントロールを失ったとき、性欲はどうなるかということですね。

上野　そう。どうやら性欲というものは物語性と不可分なものらしい。だけど、それもいつか、なくなるかもしれない。性欲が身体とむき出しの関係になり、物語性から自由になったら、もしかしたら、純粋性欲というものが現れるかもしれない、と考えるとさ、素晴らしい。その境地に到達してみたい。これが私にとって次なる課題です。ただね、自分が物語性を失った性欲を自覚したとき、それを言語によって記述できるかどうかはわからない。物語性を構成するのは言語だから。これがジレンマよ。

湯山　でも、文化において、おもしろいことがありますよ。芸術家って、ジャンルによって絶頂期を迎える年代が違うじゃないですか。音楽家もメロディ系の人は、割と早い。40代がピークで、あとは自己模倣になっちゃうとかね。文章を書く人は、晩年に大作が多い。

上野　絵描きが一番遅いでしょ。羨ましいわね。絵描きは長命でないとね。

湯山　おもしろいのが映画監督なんですよ。黒澤明がその最たるものなんだけど、晩年の『夢』はただのイメージだけになってる。コテンパンに貶《けな》された作品なんだけど、超カッコいいんですよ。肉は腐りかけが一番うまいみたいな感覚。あれだけテクニカルに物語性やドラマツルギーに長《た》けていた人なのに、それを全部やめて、イメージだけを出してるんです。

上野　それはおもしろい。野田正彰《まさあき》さんという精神科医が行っている写真投影法では、クライアントにカメラを使わせてるのよ。

湯山　写真を撮らせるんですか？

上野　人の頭の中は見られないじゃない。その代わりに、胃カメラを入れるように、本人にカメラを持たせる。例えば、引きこもりの子どもや表現力のない子どもたちに、写真を撮って来いとカメラを渡し、その一日の結果を見る。要するに、その子の見た世界を写真によって再現するといった方法で、調査をやってるのね。それと同じように、人生の最期に言語を失っても、イメージを積み重ねていくことによって、一つの世界を伝えることができるかもしれない。

湯山　イメージ、つまり映像の力で、ってことですね。

上野　映画監督は難易度が高いけど、今はデジカメがあるし、動画が作れるし、ユーチューブなんかがあるし。動画の投稿サイトが自己表現のツールになる時代だから。

湯山　その可能性、全然ありですね。

上野　私のやっているNPOのWANでも動画制作班が人材研修中ですけど、私も老後のためにその若い人たちの研修グループに入れてもらおうかと思う（笑）。そうか、言語がなくなっても、イメージでいけるんだ。

加齢とセクシュアリティ、エクスタシーの到達点は？

上野　性欲が物語性から解放されたとき、最後に残るセックスは、マスタベーションになるんじゃないかな。「自分の身体とのエロス的な関係」が残る。高齢者施設で見ていると、人との身体接触をすごくイヤがってた人が、最後の最後にそうじゃなくなって、身体の境界の敷居がどんどん下がっていく感じがある。潔癖だった人がそれほどでもなくなったり。自我の境界も溶解してくるという説もあるけど、この辺はほとんど未踏の領域。私もまだ自分の体験として語れない（笑）。

湯山　セックスの作法自体には物語がベッタリ付いてますからね。あの快感は、純潔な性欲だけとは言いがたいところがある。

上野　そうなのよ。

湯山　それでも、セックスの最中の一瞬、男も女もない境地にズバッと達することはありますよね。その状態を「一体」と言ったりもするけど、そこではもう肉体も物語も関係なくなっていて、一種の脳内麻薬みたいな瞬間なんじゃないでしょうか。

上野　相手がどうでもよくなる瞬間ね。「あんた、誰？」みたいな感じで（笑）。

湯山　セックス好きの中には、依存症も含めていろいろあるけれど、純粋タイプはその境地が好きな人だといえる。ちなみに、乱交好きは、そのスイッチが入ることをわかってるし、そうなるのも早いから、乱交に罪悪感がないんですよ。恍惚って、肉体的なことじゃなくて、ある意味で臨死状態のように自分の全部がエクスタシーという状態なんじゃないかと思う。私ね、これまでの人生で3、4回、寝ながらにしてエクスタシーに達したことがあるんです。半覚醒のときに急に光が降りてきて、「イったー！」という瞬間。これ、人に話すとかなりの確率で体験者が女性にいる。

上野　まったく接触がなくても、あるのよね。

湯山　そう、そのときに「これが恍惚？」って思った。でも、脳内快感だとすると、これはまた難しいトコロですよね。今、急に脳死のことを思い出した。脳死とされる状態でも、本当に脳としての機能が恒久的に消失したとは誰も証明できないらしい。

上野　トータル・ロックトイン・シンドローム（TLS／閉じ込め症候群）はそういう状態だものね。一部の人たちは、文字盤を使ってメッセージを表してる。最後の最後まで意識は残ってる。しかも鮮明にね。聴覚は最後まで残ると言われてるけど、亡くなるときに一生懸命に声をかけたら、反応するとも言われてる。

湯山　エクスタシーというものも、体の機能がどんどん下がっていくと、脳化していくのかもしれないですね。オナニーって、一応は触んなきゃいけないんだけど。想像だけでもイケる。うーん、これが「浄土」ということかしらん、とね（笑）。

上野　脳内エクスタシーね。それが物語性と結びついてるのか、純粋に身体的なものなのか。進化の逆を退化が辿《たど》るとしたら、もう一度、子ども時代のような身体性に戻るのだろうか。そうだとしたら、現在の快楽しかないわけだから、物語性を失っても快楽だけはあることになる。

湯山　高齢になれば、妄想の物語を学習する以前の状態に戻るのか。フロイトが言った五つの性的発達段階で言えば、最初の口唇期か、次の肛門期ぐらいのときの意識ということですね。

上野　指を舐《な》めてるだけの子ども時代に戻るのかしらね。そして、そのときにセクシュアリティはどうなるのか。これはなってみないとわかりません。はい、この予測誤差が私たちを待ち受けている。未踏の領域だから、楽しみですね。

第8章 ニッポンの幸福問題

「最強の社会関係資本は地縁と血縁」は本当か

湯山　3・11以降のいい方向の変化として、今までの会社や地縁や血縁共同体のワクを超えて、「やっぱりみんなで肩を寄せ合わなきゃ」という自然な動きが出てると言われてますよね。いわゆる「絆」と呼ぶのには抵抗があるんですが。

上野　メディアでは起きてますね。言論の世界でも。けれど、実際にそう変化するかどうかはね……。私は疑り深い社会学者だから（笑）、データを見るまでは信じないの。たぶん、データは動かないと思うんだよね。

湯山　動かない？　本当ですか？

上野　人口学的なトレンドというのは長期のトレンドだから、いったん一つの方向に動いたものがすぐに覆ることはほぼないのよ。震災以前、婚姻率は低下していたから、震災があったからと言って、急に上昇するとは思えないし、共同体のつながりも解体する一方でした。社会学の概念で今、流行ってる言葉に、「社会関係資本」というのがある。おカネも学歴も資本だけど、人間関係も資本だというわけ。もう資本主義だらけなんだけど（笑）、その社会関係資本の中には「地縁、血縁、社縁」などがある。その中で今回の震災でフレームアップされたのが、「最強の社会関係資本は地縁と血縁だった」という言説。

湯山　たしかにそうですね。

上野　そうすると、地縁・血縁のない「おひとりさま」は災害弱者になる。誰も助けに来てくれない、子どものいない年寄りは最弱者。だから、年寄りになった湯山さんや私が、地震が起きて体が固まってしまい、家の中でうずくまっていても、「バアちゃん、逃げよう」と誰も手を引きに来てくれない（笑）。おぶって逃げてもくれません。

湯山　そう言えばヨメという立場の私は、隣の姑を連れて沖縄に行った。

上野　あなたが「絆」という言葉に抵抗を感じるのは、どうして？

湯山　マスコミの報道が、特にその言葉一色でしたよね。絆という言葉のあまりの言われっぷりに、本当にそうなのかと思いまして。血縁に関しても、急に「家族」を持ち上げる風潮にはもちろん、上野さんが指摘したような意味で、「じゃ、家族のない人はどうすりゃいいの」と抑圧を感じるところもあります。だって、震災前、家族なんてとっくに崩壊してたじゃないですか。それなのに、まだ古い物語に救いがあると思ってるのかなと。

上野　それはね、〝ノスタル爺《じじ》い〟が古い物語に飛びついたんだと思う。東北地方が被災地だということとも関係があるでしょうね。もともと地縁や血縁が強い地域だから。絆うんぬんって、阪神淡路大震災のときは、これほどみんな言わなかったもの。

湯山　ああ、そうかも。

上野　ただ、阪神大震災から学んだ教訓があった。当時、神戸市役所が行政の公平主義から、仮設住宅をくじ引きで割り当てたのよ。その結果、コミュニティをバラバラにしちゃって、孤独死が増えた。行政の対応がものすごく非難された。そこから学んだのが、新潟の中越地震のとき。被災地が今回と同じ農村部、山村部だったから、コミュニティの絆を解体せずに、そのまんま仮設住宅の区域に持ち込んだ。

湯山　中越地震は、阪神のときほど孤独死が問題になりませんでしたね。

上野　比較的うまくいったのね。今回もそれは学習されていて、前よりは改善されている。神戸では都市が被災地になった。神戸の場合、もう一つ特徴的なのは、災害と階層格差が一致したこと。

湯山　木造家屋が集中している地区は、被害が甚大だった。

上野　そう、耐震性のない老朽家屋に住んでいる貧しい人たちが激甚被害を受けた。直下型地震でも、隣り合った家の片方がペシャンコになってるのに、片方は持ち堪《こた》えていた、ということがあったのよ。火事とは違って、地震だとそういう違いが出る。

湯山　その現実は、なかなか厳しいものがありますね。

「絆」の二面性。助け合いと縛り合い

上野　震災時のコミュニティについては、いろんなエピソードがある。神戸の震災では、倒れた木造家屋から生存者を救出するとき、近隣の人からの「バアちゃん、この家の奥座敷のあの辺に寝てる」という情報が、生きたんですって。寝てる場所まで知ってるぐらい密接なコミュニティ、言い換えるとプライバシーのない人間関係が、激甚災害のときには助けになるというわけ。

湯山　なるほどね。でも、マンションじゃ、そういうわけにもいかないな。

上野　そうなのよ。翻って考えてみると、マンションのお隣同士で、互いに寝ている場所や寝方まで知られるような関係を作りたいと思う？

湯山　思わないでしょう。昔に帰るのは無理ですよ。

上野　基本的に都市生活者というのは、プライバシーのない生活から逃げてきた人たち。密接な近隣関係を持つ生活を選ばない、というところで暮らしてる。ノスタル爺いが何と言おうが、昔には戻れないんですよ。そうした変化が前提になっているのに、「昔は良かった」とことあるごとに大合唱したい人たちがいるんです。

湯山　3・11は被災地が東北だったというのが、やっぱりポイントですね。

上野　地縁・血縁が強いところだから、いいこともあれば、イヤなことも聞こえてくる。昔ながらの村の寄り合いの権力構造がまんま避難所に持ち込まれて、「女は引っ込んでろ」というところもあったとか。

湯山　わぁー、東北が地盤の小沢一郎を見てると、すごく想像がつく。小沢ガールズは、皆、野球部の素朴なマネージャータイプ。活動的っぽいけど、「女は引っ込んでろ」というオヤジが許せる範囲内だからなー。

上野　だから、避難所に地域のコミュニティを壊さずに持ち込むということは、地域の従来型パワーストラクチャーをそのまま移行することでもある。具体的なケースでは、ボランティアが避難所で、各世帯ごとにブースを仕切れる資材のダンボールをいっぱい持ち込んだところ、スムーズに事が進む避難所もあれば、「オレたちは仕切りを作らないんだ！」というオヤジの一言でできなかったところもあったとか。

湯山　不便だった人、多かったでしょうに。

上野　その一言で資材が積まれたまんまになって、女の人は着替えをするのに、布団の中でもぞもぞしなきゃいけなかったんですってよ。

湯山　避難所ごとに顕著に違いが出たんですね。その分布を知りたい。オヤジの強度はその地域の何によって決まるのか？

上野　うん、コミュニティやリーダーの違いで温度差が出たという話はいろいろ聞いた。そこから考えると、最強の社会関係資本は地縁・血縁には違いないが、その地縁・血縁がそんなにありがたいもんなんだろうかという疑問も出てくる。そんなに復活させたいものなのかどうか。たとえ、復活させたいとしても、今さらできるかどうかも疑問。

湯山　そこにいる者が誰も幸せじゃないのに変えずに保守するという行動、日本人って得意ですよね。カレル・ヴァン・ウォルフレンの『人間を幸福にしない日本というシステム』と言うんでしょうか。

上野　「絆」を別な言葉では「縛り合い」とも言う。縛り合っているが、誰も幸せにしないと。「幸せ」を論じるなら、何度も名前が出て来ている古市憲寿くんは「データによりますと、若者の幸福感が一番高いです」って言う（笑）。

湯山　ああ、『絶望の国の幸福な若者たち』ですね。

上野　若者は縛り合ってるのか、いないのか？　どちらなんでしょうね。

湯山　とんでもなく縛り合っていますよ。自ら進んで。とにもかくにも、同調圧力は強く受けている。違うことが不安。不安より悪。

上野　そうか、同調を強制する社会だものね。

湯山　例のムーゼルマンですよ。絶望の国に適応するには、思考停止で今の自分の環境を幸福だと感謝することだから。

トラネコカップルの幸せ

湯山　これも、３・11以降の前向きな展開の一つかと思うんですが、男女の間にシェアリングの考え方が広まっていませんか？　例えば、年収２００万円ずつのカップルが二人合わせて年収４００万円世帯を作り、協力したほうがいいという生き方のオルタナティブが、震災を機に加速された、と。草食系男子だったり、主夫願望の男だったり、かつての男らしさに当てはまらない男たちって、しばらく前から増えていましたが、彼らのポジティブな面が、この３・11以降により美点としてとらえられているという。

上野　どうでしょうかね。「震災婚活」とは言われたけど、実際に低所得者同士の婚姻率が増えたとも聞かないし。昔は貧乏人の男女が一緒に住むことを、「破《わ》れ鍋に綴《と》じ蓋」って言ってましたね。

湯山　持たざる者同士が、とにかくひっついちゃったケースですね。

上野　今じゃ神話に属することだけど、都会の部屋貸し、例えば大家さんの家の二階の一室を借りて、新婚夫婦が住んだりした。ミカン箱をひっくり返して卓袱台《ちやぶだい》にし、茶碗二つ、箸二膳から始めた。そういう暮らし方を、今のフリーター同士がやればいいのにと思うけど、やらない。結婚願望が高いのに婚姻率が低いという現象が、私は不思議でしょうがない。あなたが言う「年収200万と200万のシェアリング」って、本当に震災後に起きてるの？

湯山　結婚しなくても、同棲するカップル、トラネコ同士が仲良く生活を共にするようなカップルは、震災前からどんどん出てますすよ。

上野　それは「野合《やごう》」って言うのよ。

湯山　その野合系は、若い子、いや30代くらいでも確実にあると思いますよ。

上野　同棲率は徐々に高まってはいるけどね。低学歴層の人たちが妊娠を機にくっついたみたいな同棲で、トラネコカップルとは背景が違うんじゃないでしょうか。それに震災婚活について言うと、私は婚姻率が上がると思えない。

湯山　すぐに、震災と結婚を結びつけた新書が出ましたよね。でも私もこりゃ、よくある期待値アンサーだと思った。そりゃ、問われれば、「サビシイ、結婚したい」とみんな反射的に答えるに決まってるよ。

上野　メディアが騒いでただけじゃないかな。実際にデータが出てくるのを待たないとわからないけど、婚姻率が上がったとしても、たぶんもともと結婚するつもりだった人たちが時期を早めるぐらいのことで、何年かしたら元の数値に戻ると思う。貧乏人同士が支え合うみたいな結婚の仕方も、増えてるとはとても思えない。

湯山　その観測はどこから来るんですか？

上野　婚姻率はどんどん下がる一方。その理由は、経済力が伴わないと結婚できないと、男女ともに思っているから。ものすごく露骨なデータがあるんだけど、正規雇用率と収入の高さと婚姻率の高さは見事に相関してる。

湯山　そうか。同棲はともあれ、貧乏人同士が助け合うといったシェアリング発想の結婚は、少ないんですね。でもそれわかるなぁ。この間、雑誌の企画で『ベルサイユのばら』を20〜30代の男の子に読ませたんだけど、とにかく「男たるもの女を守らねば」ドグマがすごく強いんですよ。フリーのミュージシャン男性が、アンドレみたいにカネも権力もないような男はダメだ！と言い切る。それはアナタでしょう、ってなことだけど、そういうポリシーがある限り、彼らは男の責任という言葉がつきまとう結婚はしませんよ。ずっと。

「不安」の増大と、村上春樹の小説に見る男子の受動体質

上野　セクシュアリティの章で出た「予測誤差」についてですが、湯山的に見たら、男女は両方とも、予測誤差の駆け引きを楽しむ世界から、今や撤退してると思う？

湯山　上野さんがおっしゃってた、「予測誤差も安心の範囲にあることが必要」という条件が関係すると思います。もちろん安心や安全はあって然るべきなんだけど、今の状況では安心・安全のバーをより高く持ち上げないと不安でしょうがない。それで安心・安全レベルを釣り上げて不安を消そうとするんですが、男女の関係にしても、一人でいれば絶対に傷つかないわけだから、部屋にこもって安全を確保しようとする。となれば、予測誤差の世界からは撤退することになりますよ。

上野　そうよね。社会的に不安が増大してるからね。

湯山　3・11以降のキーワードの一つが「不安」ですよね。世の中、何があるかわかんないって、ほんとに怖い。そこで引きこもって、硬直する可能性は誰にもあると思う。だけど、その怖さが必ずしも自分を守ってくれるものでもないんですよね。だってさ、怖いときこそ外に出て行って人とつながらないと、助け合うための関係を持てませんよ。

上野　そう。結局、人との関係を持つほうが、自分の安全の源になる。一人でいることほど不安なこ

とはない。実際にはそのとおりなんだけど、そのために自分からは動かない。男の子の受動性というのは、村上春樹が現れた頃からとても感じてました。

湯山　『ノルウェーの森』の主人公は、まさに受動的な男の子ですね。

上野　春樹の主人公って、まったく自分からアクションを起こさないのに、何事かが起きるじゃない。何かが起きるイニシアチブは全部、女がとってる。「おまえ、都合よすぎるだろうが」と思った（笑）。

湯山　「やれやれ」の口グセが、すべてを表していますよ。

上野　あなたもそう感じた？　春樹の小説の主人公の場合は都合のいいことが起きるけど、普通の男の子の場合には、自分からアクションを起こさないかぎり、何も都合のいいことは起きない。

湯山　私は、春樹の小説ってフェミニンそうですごくマッチョを感じますね。なぜならば、実は主人公の男って、最強の受動だから、それこそ先ほどの上野さんが憂うところの雑誌『アンアン』の「商売女なみのご奉仕」を「やれやれ」と言いつつ当然だと思う、モテ方向マックスの文化系男っつーか（笑）。

上野　こんなところで、意見が一致するとは思わなかったわ（笑）。

3・11であらわになったオヤジギャルの真実

湯山　政治で考えると、受け身であったり、引きこもって安心しようとするのって、揺るがない体制を守ろうとする保守に相通じるんじゃないでしょうか。

上野　保守を「現状維持」と置きかえたら、現状維持が一番危険なのが、今なんじゃないの。地雷の上で暮らしてるようなものだから。

湯山　でも、多くの人はそれを見ないようにしてる。あるものを見ない。

上野　そうなのよ。湯山さんは3・11以前はどうだったの？

湯山　あんまり見てなかった。保守はやっぱり現実的で、力と美徳があるんだろうなと思ってましたよ。例えば90年代前半に流行した、中尊寺ゆつこの漫画『お嬢だん』って知ってます？

上野　オヤジギャルが出てくるやつね。

湯山　そのオヤジギャルがバブル女の典型で、男社会の会社の中で実権を握り、オヤジたちをあごで使う。そのオヤジたちが、敵対するイヤなオヤジって感じじゃなくて、丸っこくてちょこちょこしたスタイルの、かわいくて無害な存在なんです。主人公の女が彼らをいいように使って、一種の楽園みたいなんですが、そこで前提になっているのが「会社という組織はそんなに悪いものじゃない」ということ。オヤジがいっぱいいて、みんなで楽しくまったり過ごして、仕事ができる奴もできない奴も同じ給料で、定年までここにいていいじゃないかという、肯定感の上にあった漫画なんですよ。

上野　80年代後半のユーフォリア状況ですね。

湯山　その流れを今に受け継いでいるのが、「サラリーマンNEO」。コメディドラマみたいなNHKの番組なんですが。

上野　サラリーマンが〝ネオ〟なわけ（笑）？

湯山　サラリーマン寸劇コメディなんだけど、いろんな人がいて、それゆえ磐石なサラリーマン共同体が基本で、サラリーマン賛歌が根底にある感じです。あと、しりあがり寿さんが90年代後半から2009年まで描いていた『ヒゲのOL藪内笹子』でも、「日本の終身雇用とサラリーマンって案外、居心地よくて、よくできたシステム」というアイデアが通底してる。

上野　そういう漫画が今、出回ってるの？

湯山　今、というかこういうセンスはかなり長い間、左翼や革命よりもカッコよかったんですよ。それが3・11以降、逆転した。

上野　「昔は良かったよね」的なノスタルジーが、受け付けられなくなったんだ。

湯山　「日本人はそういうもんだ」という安定感、肯定感に、今みたいな状況下でも寄りかかるのはいかがなものかと。

上野　それって、自分たちがよく見知った世界なのよね。『ALWAYS三丁目の夕日』と同じ。見知った世界だが、もはや後戻りのできない過去。

湯山　3・11以前だったら、「その見知った世界、日本人にとっては安定しているのかもしれない。私は関係ないけど」とスルーできたのが、今は「関係ない」とは言えない。

上野　その見知った世界は実は地雷の上でした、とわかったんじゃないの？

湯山　そうです。ニコニコして遊んでる中尊寺マンガのカワイイオヤジたちが、真っ黒だったことに気づいた。

上野　中尊寺ゆつこの漫画は同時代に読んでたけど、オヤジギャルという言葉を聞いて、女が男に取って代わったとは少しも思わなかったわね。あれは単にオヤジ並みのカネを持ったＯＬが、オヤジ並みの遊びを覚えただけ。女性はオヤジ並みの会社の意思決定権なんて、これっぽちも握ってなかったんだから。

湯山　実権を握るなんて、女性たちも好きじゃないしね。面倒くさいのは全部男にやっていただき、都合のいいところをいいとこ取り、これが女の知恵ってヤツでしたから。

上野　だよね。臭いものに蓋をして続いてきたリアルだったのよ。

湯山　ホントですよ。一人ひとり接すれば、オヤジって元気はそれほどないし、「湯山ちゃ～ん」なんて言って、最近では仲が良かったりする。しかし、それが組織やシステムとして全体になると、もう太刀打ちできない。こんなに問題が起きていても、根本から直せないし、司令塔も見えない。無力さを感じますよ。

上野　今やその現実がわかったわけだから、これからどうするかですね。

テレビと大衆と原発と

上野　3・11直後の世論調査で、脱原発派が4割、現状維持が6割だったでしょ。それにビックリしたのよ。あれだけのショックが目の前にあったのに、意見を変えないという人が6割もいるのかと。4カ月後の7月には、脱原発派が7割、今は8割になったけど。

湯山　一挙に増えましたね。

上野　つくづく思ったのは、事態が思った以上に深刻で、収束に手間取ったから脱原発派がじわじわ増えたけど、もう少し早めに終わっていれば、この人たちはあたかも何事もなかったかのように暮らしていくのだろうかと疑ったわよ。

湯山　メディアの論調だけを情報源にしていると、そうなるんじゃないでしょうか。

上野　世論調査についても、どうやって測るのか、ものすごい不信感がある。だって、脱原発派が4割から7割に増えたってことは、3割の人が3カ月で意見を原発イエスからノーに変えたわけ？　そんなに簡単に意見が変わる人たちなのって？

湯山　それはメディアの問題もあると思います。まず、3・11でマスメディアとの距離感が変わりましたよね。３・11前の日本では、やっぱり大多数の人がテレビの流す情報を信じてた。震災後もしばらくの間、その状況が続いてました。まだツイッターなんかのツールを使っていれば、多方面の意見が取り入れられるけど、そうじゃない人は……。

上野　ツイッターユーザーってどれだけいると思う？

湯山　日本の中だと少ないですね。でも、少なくともそこが情報のハブにはなっていた。ただ、テレビが良くも悪くもこんなに力があるものだとは思ってなかったですけどね。ツイッター以前に起こっていたら？　と考えるとゾッとしますよ。

上野　そのテレビが、東電に買われてたわけだしね。広告費という名のもとに。

湯山　テレビと原発で思い浮かぶのは、正力松太郎《しょうりきまつたろう》ですよ。読売新聞、日本テレビの経営者でもあった、原子力委員会の初代委員長。原発を日本に導入する際の正力の一手って、すごく強力だったんでしょうね。被爆国として放射能へのアレルギーがあったところへ、アメリカと組んで原発建設を推進したんだから。メディアも活用して大量にプロパガンダを張り、反対派を潰した。

上野　読売は今も、「核爆弾を持つ能力をキープしとかなきゃいけない」と社説で書いてる。

湯山　３・11前は、そう思ってても、書かなかったでしょう。

上野　「今だからバラすけど」的にね。言ってしまえば、「大国」妄想からです。欧米列強に、これでもかと苦汁を呑まされてきたから、肩を並べねばという。

湯山　私は今年、訳あって、ウィーンに通算1カ月ほど滞在したんですけど、日本が大国なのは、会社と国がリッチなだけ。国民の生活は、とても大国とは思えない。肩を並べたいのだったら、そこを考えるべき。いったい、どこにどうプライドを置いているのか、まったくわからないですよ。

テレビ不信の一方での「強いヒーロー」待望論

湯山　3・11以後、大衆とテレビとの距離感は変わったと思います。地デジへの切り換えがそれ以前にあったし、テレビをほとんど見なくなったという人が本当に多くなった。ただ、その層の中から〝2ちゃんねる〟といった、ネットの匿名ゴシップ掲示板や、ツイッター、フェイスブックに淫したりの別のメディア中毒者は出てきている。情報との付き合い方は簡単な話ではないんですが、テレビが一極支配していたメディア構造が昔ほど強固ではなくなってきた、とは言えますね。

上野　それは言えてる。新聞もテレビも、いわゆる一方通行型のマスメディアは、震災前から落ち目であることは、私も感じてました。だって、学生を見てると、彼らの情報源がネットになってるから（笑）。ただ、ネットの世界は棲み分けが激しい。お互いにノイズになることは、見ない、聞かないになる傾向があります。

湯山　その問題はある。似たような人たちが固まり合ってる感じは。しかしながら、今回の再稼働や反対のデモは、もうネットありきの現実です。それが使えない人との差はやっぱり大きい。ただし、中高年はネットに弱いですよね。石原慎太郎とか、やってるわけがない感じですけど。

上野　今のはネット強者の発言ね（笑）。

湯山　ネットとは離れちゃうんだけど、ここで言うべきは東京の石原さんより、大阪の橋下さんですね。私、アンビバレントな思いがあるんですよ。彼は大阪維新の会を作って、大阪府の第一党にし、自分の手から離した。それって最近の政治家が誰もやったことがないことで、戦略、政治センス、実行力は確実にある。ただし、教育とか文化に関しては、まあとんでもないアナクロ。特に自分が知らない親しんできていない文化に関しては、憎悪してますよね。オペラやバレエ、クラシック音楽を「あんなの何が楽しいんだ？　全然カネにならないし」と、言い放っちゃって、それが喝采を浴びるなんて。世が世だったら、中国の文化革命で京劇を反動だといって、粛清するタイプと見た。

上野　ねじれが起きてる。人々の中にリセット願望とヒーロー待望があるから、強いヒーローが出てきたら拍手喝采する。大阪府・市長同日選、投票率が20％ぐらい上がったのよね。

湯山　若者が支持したんですよね。20代と30代の支持率が7割だって。

上野　橋下の言ってること、ほとんどネオリベなのね。そのくせに「脱原発」とか言う。そのキッパリ、ハッキリ感が大衆に受ける。震災から1年経って、民主党が再稼働に舵を切ったし、脱原発が民主と自民の間の政治争点ではなくなった。脱原発を争点にしたら、有権者の6割、とりわけ女は8割が脱原発だから、その票がゲットできるのに、今、脱原発を望む人たちの票は行き場がないわけだよね。とすると、第三極で脱原発をはっきり、くっきり掲げたところに、しょうがないから行ってしまうかも。ほかのところには目を瞑《つぶ》っても、そこしか選択肢がないからと。

湯山　そう。で、それが橋下新党かと思いきや、ここもまた裏返った。

上野　あとは、中沢新一さんたちのグリーンアクティブも立ち上がったけど、まだ政治力があるとは思えないし。私がすごくイヤなのは、橋下人気には小泉元首相を押し上げたときの風と、同じ種類のものを感じること。ポピュリズムの風は吹き終わってない。ずっと吹き荒れていて、その風がどちらに向くかわからない怖さがある。

湯山　たしかに、橋下さんがネオリベだとすると、弱者ほど票を入れてる矛盾がありますよね。ファシズムもそうだったはず。

上野　そう、小泉元首相のときもね。でもさ、「大阪の独裁、怖いよね」と言ってる私たちは東京都民で、あの石原都知事が長年選出され続けてる。四選目なんてあと出しジャンケンで、選挙運動やらなくても当選しちゃったし（笑）。

湯山　そうだ、それを忘れちゃいけない。

上野　あの選挙戦のあとに、テレビを見てたら、投票した都民のオバさんたちが、「だって、強い人、あの人しかいないじゃない」みたいなことを言ってた。

湯山　ヘタしたら、石原裕次郎の「西部警察」のイメージまで入っちゃってますから（笑）。

上野　ルックスが強そうに見えるのと、パフォーマンスも強力。だから何を言っても、何をやっても、支持率が下がらない。その点では橋下市長と同じよ。

湯山　同じですね。あれだけ暴言、吐いてるのに。

上野　失政もあるのに。委任したわけでもないのに、いつの間にか東京オリンピック誘致に、何百億だかのムダ遣い。それでも、みんな、許容してる。いやぁ、東京都民も困ったもんよ。

湯山　こういう話をしてると、だんだん亡命したくなってきますね（笑）。

リセット願望と鎖国メンタリティ

上野　潜在的な「リセット願望」って、今の日本の少なくない人たちが共有してると思う。自分の努力によらずに外からの強力な力で、現状をガラガラポンとリセットしてしまいたいという不穏な欲望。

湯山　あー、もうそれ私の中にもある感覚ですよ。終戦の日のガレキの中の青空を見て、悲しみと同時にスカッとスッキリしたという感想を述べた人は多い。そこから出てくる裸一貫のアドレナリンが好き！　という。

上野　外圧でもいいし、天変地異でもいいし、橋下徹大阪市長のような未知数だけど強いヒーローでもいいし。いずれにしても他力本願に変わりない。「現実逃避」と「思考停止」の傾向が強く、ただでさえ危険なのに、もう一方で富と権力を誰かに白紙委任してしまおうとしてる。そして、強力な力でもってリセットしてしまいたい。こういう状況って危険だと思わない？

湯山　危険ですよね。

上野　うん、ものすごくね。これを言ってしまうと世代論になるんだけど、27歳の古市くんに「戦後の日本が、こういう日本人を育ててしまったんだろうか」と言ったら、「昔からそんなもんでしょう、日本人って」と反論を受けた（笑）。どう思う？

湯山　うーん。私も古市さんの意見に近いかな。江戸時代の幕藩体制の下での、殿様と士農工商で安定する関係性や統率の名残、庶民の諦め方、何か連綿と続くものがあるのかもしれないですよ。

上野　「面従腹背《めんじゅうふくはい》」ってやつね。占い言葉なんだけど、橋下さんが大阪市役所の公務員に対して使った言葉です。「いいんですよ、面従腹背で。僕の言うとおりに従ってくれれば、腹の中で何を考えてても」という文脈で。聞いて、ゾッとした。

湯山　その日本人のマインドって、どこから始まってるんでしょうね。わかっていても、「しょうがねえよなぁ」とすぐ諦観に入る。

上野　「昔からそうなんです」ということになると文明論になっちゃうわね。文化本質主義。「日本人ですも〜ん。仕方ないですねえ」と。

湯山　でも、本当に昔からそうだったのかもしれないですね。日本では天災も激しかったし、四季もはっきりしてるし、状況がコロコロとよく変わった。それにいちいち対応していられないから、「ないことにする」マインドが育った。

上野　戦争も天災の一種として受け止めるし。

湯山　徳川の世が300年近くも続いたということ自体、実は異常かもしれないですね。封建社会がそれだけ続くメンタリティがもともとあるということですよ。

上野　鎖国してなかったら続いてないだろうけど。

湯山　まあ、それは大きい。あと農業メイン。土地に縛られているから、ここで生きるしかないと腹を括るしかない。会社の終身雇用やそれが基本の多くのお得な制度とメリットの数々は、とにかく移動はよろしくないというイメージを植えつける。となると自主鎖国状態になっていく。

上野　今でも、メンタリティは鎖国状態かもしれません。

失敗を恐れる「前例がない」ロジックの閉塞感

湯山　日本経済が悪くなって以来、内向き傾向はかなり顕著ですね。私、広告の仕事でプレゼンテーションをすることがあるんですが、「こうすりゃ話題になるし、ひいては儲かる」とわかっているのに、儲かる方法を選びませんよ、みなさん。

上野　それはまたなんで？

湯山　前例のない、新しいことだから。「失敗したら誰が責任を取るんだ。取りたくないぞ」ということです。その選択肢が話題になるし、コストも抑えられておもしろいと全員がわかっていても、絶対に動きません。

上野　ということは、まだ旧来的なやり方でもっと思ってるんだ。

湯山　その思い込みが、一種、ビジネススキルにまでなってますね。トップはチャレンジャーな人が多いし、下の若い子もやる気があったりするのに、管理サイドがその芽をすべて潰していくんですよ。とある商業施設開発のプレゼンがあり、ドリームチームを組んで、企画を提案したんです。大元のデベロッパーは大乗り気だったんだけど、中間にいる運営企業の人間がNGを出した。その理由が、やっぱり「やったことがない」でした。

上野　前例がないということが、理由になってしまうなんて、おかしいね。

湯山　前例がないと、何かあったときのリスクが取れないとか、組んだことのない相手とやるのはわからない……みたいな理由です。

上野　役人みたい。

湯山　ほんっとに、そうですよ。女性をターゲットにした企画で、プレゼンの相手側には女性が多く、私たちのアイデアに彼女たちはそのポーカーフェイスを崩して頷《うなず》いて聞いてくれていたんですけどね。それで「これは通るだろう」と思ってたんだけど、結局は通らなかった。あとで聞いたところによると、デベロッパー側は大乗り気で、運営サイドと一緒にやる折衷案も打診したけど、ダメだったとのこと。

上野　危機感が足りないのかしら。危機感があれば打って出るしかないでしょ。

湯山　一社員という組織人の立場だと、失敗を避けて、責任を取らないことのほうが、自分にとっては切実でしょう。保身ですね。

上野　経営者は、もうちょっと前を見てるんだろうけど。

湯山　社長が一人で前のめりだとすると、下にいる人たちはそこにたいてい水を差す。リスクを負ってまで行って、自分の何のトクになるのか、と。私が会社員だったときも、そういうモードがありました。そういう会社って、社長に怒られるのを避けるのが、働く人間にとって一番の目的になってっちゃう。

上野　企業とは名ばかりの個人商店ね。社長が変われば終わりじゃない。

湯山　ワンマンな企業はそうなりますね。情報産業企業なのに、コンピュータの導入も遅かったし、インターネットの時代に一歩も二歩も乗り遅れた企業を一つよーく知っていますよ（笑）。編集の末端にいて、コストダウンの命を受けて、当時、デザインコンピューティングの波が来ていたから、上司に断った上でマックを安く買ったら、管理部門の大手電機メーカー出身の社員が怒って飛んできた。社内のシステムはその大手メーカーのものに決めている、と。

上野　情報を制する世界にありながら、ネットに乗り遅れたとは信じられない。

湯山　ネットリテラシーって語学みたいなものだから、そのとき、上層部に〝体感〟がなかったのでしょうね。

上野　私も90年代初頭にドイツの大学で教えていたとき、持って行ってたNECのパソコンがトラブって死ぬ思いをした。サポート体制がなくてね。どうしてグローバルスタンダードの製品にしなかったんだろうと、心底、後悔したものよ。

湯山　あの頃から、この国はボタンを掛け違えてますよ。日本のガラパゴス化が始まった。

上野　ここ数年のことじゃないのよね。NTTが通信網を独占し、93年にクリントン政権が誕生して情報ハイウェイ構想が出てきたとき、日本は完全に10年は水をあけられたと思った。国策で情報化を推進した韓国にあっという間に越されて、日本は競争の蚊帳《かや》の外で海外のIT産業の特許のおこぼれを待つしかなくなっちゃった。

湯山　この間行ったパリの地下鉄でも、人々のスマートフォンはサムソン製ばっかり。

おひとりさまの最期を支え抜いた、30人の女たち

湯山　この章の最後に、前向きな話もしておきましょう（笑）。私、上野さんがよくおっしゃる「選択縁」には賛成なんです。地縁でも血縁でもない、選択で結ぶ縁。そんなの理想でユートピア発想だ、なんて言われそうだけど、私の場合、血縁、地縁のほうがファンタジーに思える。そしてこの感覚はもう、リアルに周囲にも存在します。オモロイ女やよろず相談したい女になって、人から飲みのお誘いを多く受けるような人モテを目指せ、という私のアドバイスもそういった人間関係構築のためといっていい。それこそ今後どうなるかわからない世界において、人脈ほど大切にしなきゃいけないものはないと思う。それにコストと時間をちゃんと掛けなきゃいけませんよ。

上野　そうね。社会関係資本とは新しい用語なんだけど、昔風に言うと、単に「人脈」なのよ。「コネ」とか。

湯山　私はそれで行きますよ。ただ、今回の震災では私も隣に住んでる義母を連れて避難したから、血縁というのは優先された。けれど、それはきっちりと日常生活でいろいろ助けてもらっているご恩と関係性があったから。

上野　血縁のないおひとりさまって、増えてる。世代で見ると、私たちがおひとりさまで死んでいくパイオニア世代。もちろん、上の世代にもおひとりさまはいるけど少数派だったから。つい最近もおひとりさまの大先輩が、高齢者施設で亡くなられたの、認知症で。女性学の研究者って、そういう人が山のようにいる。もう一人、私よりも若い友人、一人っ子で子どもも身寄りもまったくいないおひとりさまが、最近、ガンで亡くなった。彼女を支え抜いた女のネットワークがある。みんな赤の他人なんだけど、彼女は生前に作っていた絆があったからこそ。

湯山　それ、詳しく聞きたいですね。

上野　その若い友人のケースでは、女性ばかりが30人のチームを作って支えたのよ。

湯山　ほんと？　素晴らしいですね。その30人ってどんな人たちなんですか？

上野　全員女で、地位も名誉もある人もいれば、専業主婦の人もいて、とにかくみんな、スキルも能力も高い。何か指令が飛ぶと、サクサクこなしてくれるような人たち。

湯山　私もフェミニズムに入門したくなりますね（笑）。やっぱり、上野さんの周りのフェミの人たちなんでしょ？

上野　おもしろいのは、その中にフェミ系の人もフェミ系じゃない人も混ざってた。

湯山　じゃあ、本当に多様な女の人が集ったんだ。

上野　主婦の人は主婦の人で、ものすごく温かい気配りで支えてくれた。彼女がご飯を食べられないときに、手料理を運んでくれたりしてね。当人はかなりの資産を持っていたから、財団を作って、自分の名前を付けた基金を立ち上げた。その財団を作るのにも、30人の中にノウハウのある人がいて、あっという間に出来ちゃった。本人の存命中にちゃんと財団の設立が出来たのよ。

湯山　すごいですね。具体的に聞きたいんですが、それって彼女の人徳だったんでしょうか？　普通、女の人の人間関係って、個と個のつながりはあるけど、大きいグループや交流の場はあまり作らないいんじゃないですか？

上野　その30人は、決して一つのグループに属してるわけでも、誰かがお山の大将だったわけでもないの。その中には互いに会ったこともない人もいるのよ。なぜって、メールがつないだネットワークだったから。

湯山　それはおもしろいなぁ！　ネットのＤＮＡにはそういうところが本当にある。

上野　一人、コーディネーターの役割をする人がいたんです。「今、彼女の状況はこうです」「今度、どこそこの病院で手術をします」と情報を整理した。その当人の彼女がえらかったのは、亡くなる1カ月前に、「すべての方にお礼を申し上げたい」と、レストランを借り切って全国から30人を集めたのよ。よくやったと思う。ほとんど全員が集まって、「ああ、あなたでしたか」「あなたがあれをおやりになって」という直接の交流がそこで持てた。

湯山　ITも女の人のネットワークも、男にありがちな縦の軍隊型じゃなく、フラットな横のつながりだという共通点があるんですよね。このお話は今後の社会のいいヒントになりますよ。

上野　そうよね。抗がん剤で髪の毛が抜け、車椅子で来た彼女が、全員に挨拶して。みんなも「これが最後だろうなぁ」と予期して。実際、それがお別れになった。彼女が「ありがとう」を言い、一緒に写真を写し、全員がお互いの顔を見て、さよならを言い合って。

湯山　あっぱれな方ですね。

上野　女の世界には、それだけの人材の厚みがあるのよ。在宅療養の間は、彼女と一緒にご飯を食べることも大きな仕事の一つで、それぞれが協力した。そういうこと、男同士でできるかなあ？

湯山　まあ、考えられませんね。一緒にご飯を食べてあげる、なんていう最大のヘルプはできないと思う。その女たちのネットワークは、どうやって30人まで広がったんですか？

上野　彼女の直接のお友だちもいれば、コーディネートをしていた人のお友だちや、そのまたお友だち、お友だちのお友だち……というのいろいろで、緩やかにつながってた。それぞれの特技や持ち味を差配して、やり抜いた。だから、私たちもすごくホッとしてるの。自分のときもこうしてもらえるかもって（笑）。

湯山　「結局、血縁よ」と結論づけなくていいものがあるわけだ。力づけられる、具体的なケーススタディですね。

血縁よりも、女たちの選択縁が、女を救う

上野　おひとりさまでも、親族にもおよばないサポートが得られたのね。別の例もある。その人もガンで亡くなったんだけど、彼女には息子と娘がいた。でも、息子は海外、娘とは母娘関係がうまくいってなくて、周りが支えたの。その人はフェミだった。フェミの母って娘とうまくいかないケースが多いのよ（笑）。それで、彼女の病院や治療の費用といった資産管理を、娘に任せられないと言うんで、貯金通帳や実印を彼女が信頼する友人に全部託した。彼女が頼めば、そのお友だちが走って、貯金を引き出し……ということをやり抜いた。託された人がものすごくいい人で、ご葬儀のときにアメリカから帰ってきた息子に通帳と実印を渡し、「ここまでが私のお役目ですから、お返しします」と言ったの。私、彼女に聞いたのよ。「ご遺族は、あな

たにお礼をなさった?」と。返事は「いいえ」。まったく躾けがなっとらん! 世間の仁義を教える奴はおらんのかっ。

湯山　フェミ母や教師の子どもって、親のポリシーの真逆に生きる人が多いですよね。それは彼らなりの〝親殺し〟なんだろうけれど。

上野　とまあ、女たちはそういうことをやり抜いてる。30人のチームの一人がつくづく言ってた。「女の人って、こんなに誰かのお役に立ちたいと思ってるのね」って。

湯山　ああ、それは例の「人から褒められたい」欲がポジティブに表れた部分かもしれない。

上野　女には「お世話したい」という無償の気持ちを持った人がいるのよ。だって、死んでいく人にどんな投資をしたって、見返りなんかないでしょ。見返りを求めない気持ちを女の人たちが持ってた。それも、見も知らぬ人たちの間で連携できたって、すごいこと。

湯山　元気が出る話ですよ。

上野　でしょ。「これで行けるじゃん、私のときも」と思える。あなたも他人事じゃないでしょ(笑)。あ、湯山さんには、夫頼みっていう選択肢がある?

湯山　夫だけじゃ支えられないから、人数は多いほうがいい。現在、私が多くの若者の人生相談に徹夜でつきあって、しかもこちらがオゴってあげている、ということの見返りは、すでにそこらへんを目論んでいるわけですよ(笑)。

第9章

3・11以降のサバイバル術を考える

ラン・ランに見た日本の近代文化史

湯山　2012年の1月、ウィーン楽友協会ホールで、父のコンサートが開催されたんですよ。ウィーン側が「湯山昭ナイト」を企画してくれたんです。クラシックの世界では、歴然としたヒエラルキーが構造としてありますから、ウィーン楽友協会と言えばクラシック界のトップ中のトップというほどの存在。なので、結構な快挙ではあったんです。

上野　クラシック音楽の「家元」みたいなものよね。

湯山　そうそう。うちの父親はこともあろうに石原慎太郎とは高校の同級生でして、戦後、それこそ紙鍵盤からのし上がって作曲家になったという人なんです。それだけに、クラシック音楽の聖地で自分のコンサート、しかもあちら側の招聘《しょうへい》で開かれたことで、「俺はこれで、もう思い残すことは何にもない」みたいになってましたよ。

上野　観客席は埋まったの？

湯山　チケットはソールドアウト。そういうところが、ウィーンの音楽ファンの凄さだと思うんですが、拍手もブラボーもかかって、新聞の批評もすごく良く書かれていたそうです。

上野　あなたも一緒に行って、親孝行してきたのね。

湯山　たまたま、年末のヨーロッパ行きと重なってた。それでね、クラシック音楽の最高権威の中で自分の曲が流れたことへの父親の無邪気な喜びようを見て、考えるところがあったわけなんです。それは、言うまでもないのですが、ヨーロッパの文化であるクラシック音楽に帰依《きえ》し、ワールドワイドなスキルと音楽言語を得たからこそ、ここに呼んでもらえたんだなということ。つまり、あちら側の解釈眼からは外れてないからなんだな、と、あらためて思った。

上野　あなたのお父さまの作品って、和の旋律も入ってるんじゃないの？

湯山　オリエンタリズムもうまく使ってますね。でも、それはニュアンスのみで基本は彼の特色のカラフルな和声とメロディはフランス近代のクラシックに影響を受けていて、やっぱり西洋の枠組みのものなんです。

上野　教育は日本で受けた人？

湯山　クラシックって世襲も多いのですが、彼はそうじゃない。ある種の天才だと思うんですが、進駐軍のラジオの音楽や、家にあった蓄音機でシャブリエの『スペイン狂詩曲』などを耳で聴いて育ち、東京音楽学校（東京藝術大学音楽学部の前身）に入学、という人です。でね、ここでアンチテーゼとして、現代人気ピアニストを例にあげたい。ラン・ランという中国のピアニストです。

上野　このところ、名前をよく聞くわね。

湯山　これがとてつもない男で、彼が弾くショパンは……、はっきり言って京劇にしか見えない（笑）。

上野　西洋音楽を中国化しちゃってるんだ。

湯山　そう、完全に。クラシックの技術は一朝一夕には身につきませんから、バシバシにエリート教育を受けた人だと思います。演奏者の出自でそのプレイの個性を形容するのって、あまりにも安直なので、聴く側もなるべくそこらへん割り引いて聴こうと思うんだけど、そんな思惑なんてぶち壊してくれる。すごくわかりやすい解釈で、信じられないほど猛スピード。世界の流行でもある超絶技巧で、全部フォルティッシモで粒が揃ってる。指や腕が強いんですよ。それでショパンの『英雄ポロネーズ』を弾くんだから。「チャーンチャラーン、チャララララ♪」って目をむいて。その空中のハンドポーズの間がとてつもなく京劇。思わずドラを打ちたくなる（笑）。

上野　あはは、笑えるね。ピアノの詩人がピアノの京劇になったなんて。

湯山　そう、日本人ならばこの解釈は絶対にしない。日本って、ずっと欧米に追い付け追い越せできたじゃないですか。クラシックでも、ヨーロッパの本場を忠実にお手本にする。

上野　優等生だから。

湯山　クラシックではアナリーゼ、つまりその音楽の背景を含めた楽譜の読み、分析をするわけですが、ラン・ランにとっては「俺には俺のやり方がある」てなもんですよ。

上野　それをやったら邪道になるから、普通は破門になるよね。

湯山　いや、実際、彼、中国ではいろいろあって。それで一家でアメリカに行って、大成功しちゃった。

上野　超絶技巧があるから潰されなかったのね。

湯山　それともう一つ、今の時代、聴く人の耳も変わってて、オーディオ向きになってるんですよ。ユーチューブやＤＶＤの世界ですから、見せ場が大きいのが受けるとか。コマーシャル化もしてるし。

上野　それはおもしろい。グレン・グールドが売れたのだって、複製芸術の時代になったからだもんね。最初に聴くのがナマ音じゃない時代なんだな。なるほど。

湯山　落語でも、林家三平師匠が寄席では芸が大きすぎてざっぱくだ、とバカにされてたのが、テレビの時代が来て人気者になった。それと同じですね。古典って、時代に合わせて生き延びなきゃいけない宿命があるんです。翻ってラン・ランは、今までのカードを全部剥《は》いじゃった。ショパンもポーランドの歴史もそこにはなくて、あるのは中国の『三国志』（笑）。

上野　いくつぐらいの人？

湯山　1982年生まれだから、30歳ぐらいです。

上野　一人っ子政策が始まったあとね。その年齢で、京劇的伝統が身体化されてるの？　中国のエリートで英才教育を受けていたら、伝統から切れてるかもしれないのに。映画『さらば、わが愛／覇王別姫』でも描かれてたけど、文革のときに京劇は虐げられ、大変な目に遭ったでしょ。あ、そうか。30歳だとポスト文革の世代か。京劇は復活してましたね。

湯山　そうなんですよ。文革直後の中国って、反動で京劇のような伝統が国策的に強化されたから、その頃の子どもかもしれません。また、ハリウッド映画やゲームの世界では『三国志』系が受けていて、そうした追い風もある。とにかくラン・ランを見るだに、うちの父親がクラシックの本場に招かれて感動していた姿に、切なさを感じると言いますか……（笑）。

上野　日本の近代史の現実ね。お父さまが生きたのはそういう時代であり、世代なのよ。でも、その世代を通過したから、あなたがいるんじゃない。欧米に文化的なコンプレックスを持たずにぶっ飛ばせる世代がさ。

湯山　いや、私の世代でも、日本のクラシック界の若者でもダメで、やっぱ、中国とラン・ラン……。

上野　私も、親父はプロテスタントの耶蘇教徒で、北陸の土着を逃げ出したくてしょうがなかった人なのね。その母親、つまり私の祖母は敬虔なる真宗門徒という家系。

湯山　ウチと構造が似てますね。父方の祖母は小学校の先生という当時のキャリアウーマンで、こちらは断然、和の文化が大好きだった人です。私をよく歌舞伎に連れてってくれました。ひいおじいちゃんは、平塚の自宅に舞台を作って、シロウト義太夫やってた。

上野　だから、あなたは洋モノ一辺倒じゃないのね。うちの場合は、父親が私を日曜学校に連れて行き、バアさんは寺に連れて行き……。孫は両方に行くわけですよ。

湯山　バイリンガルですね。

上野　「あれ？　浄土真宗とキリスト教ちゅうのは似てるもんだな」とか思ったりしてね。親父は結局、長男でマザコンだったから、自分が否定したものから抜け切れなかったんだけど、私はそれを傍《かたわ》らで見て育ったから、「おお、そうか」と気づくこともあった。両方の世界が見られるのよ、三代目というのは。

滅びゆく種族になるか、「好奇心」と「遊び」を味方にするか

湯山　ラン・ランに関しては、私もクラシック音楽のセオリーを見知っているほうなので、まったく好きなピアノではないんですよ。坂本龍一さんもそう言ってましたね。そういえば、そのラン・ランが、結婚の試金石になったカップルの話を聞いた。男性は大のクラシック好き、女はピアノを弾いてる若い子という年の差カップルだったのが、彼女がラン・ランの大ファンと知り、男が結婚を取りやめちゃった（笑）。

上野　最初にショパンを聴くのがラン・ランという世代なんて、理解不能だったんだ。

湯山　そう。いい、悪いは別なんですよ。

上野　私だって、最初にバッハの『フランス組曲』を聴いたのはグールドだから、それと比べてそれ以前のバッハを聴くと、「あれ？」と思う。そういう世代が次に育っちゃうのよ。

湯山　それに音楽って、コンピュータミュージックと打ち込みのリズムになってから、周りにあるのが楽器や歌じゃなく、電子音になったでしょ。ピコピコ音世代が育ってる。

上野　最初に初音《はつね》ミクを聴くような人たちね。それを聴いて育っちゃうと、人間の声に違和感を持つかも。

湯山　ボーカロイドですね。文化は人と時代についてくるものなんで、しょうがないんですよ。思う

に、「ラン・ランはイヤだ」と結婚をやめた男には、二重の敗北があるんです。まず、従来の歴史と正統性ありきのクラシック芸術オーラをよしとする自分の価値観を否定された。そして、量とパワーとスピードで全部ぶちかまし、すごくわかりやすいもの、機能主義に徹して突き進んでるニューパワーに負けている。それが、ま、男としてイヤだった、とも考えられる。

上野　文化マッチョね。お手上げして、彼女にお腹を見せて、「君の好きにしていいよ」としたら、楽しい人生が待っていたかもしれないのに。

湯山　そう、ラン・ランも許容しないことには（笑）。今後、中国との関係において、ラン・ラン的なものがいっぱい出てくると思いますよ。

上野　滅びゆく種族の側に身を置く選択を、彼はしたわけだ。

湯山　上野さんは、文化的にどっちですか？

上野　どちらかと言えば、滅びていく側ね。例えば、今、NPOでウェブ事業をやっていても、ネットアクセスの度に敷居を越さなきゃという「構え」があって、身体化されていないことがわかる。同じ理由で、テレビが媒体として広がったときも、自分はテレビには向かないと思った。だからテレビは原則出ないし、見ない。活字の世界で生きてきたから、活字文化だけで生き延びていこうと思ったけど、時代の先を読むのは早いほうだから、印刷メディアも滅びゆくものだとわかってた。活字文化を身体化する人々は、その集団の高齢化とともに、やがて絶えるでしょう。私の寿命が尽きるまでは印刷メディアの時代は続くだろうから、一緒に死んでいこう、とね。

湯山　うーん、そうなると生き方ですよね。私は、やっぱりそういう新しいモノやコトを自分の身体で〝食べて〟みたいんですよ。何よりもまず、「何、これ？」とおもしろがっちゃうんですよね。私はやっぱり進化したいので、身体化できないものに背を向けるという老いを、まだこの年では認められない、ということもある。正直なところ。

上野　老いにもいろいろあるから。私が「この老い方、いいな」と思うのは、必ず「好奇心」を持ってる人なのよ。その人が生きていくエネルギーのポテンシャルみたいなもの。自分の知らないもの、未知のものに対する好奇心。新しいものでもそうだし、古くて珍しいものでもそうだし、異なるものであってもそう。そうすると、「老いる」ということも未知なものなわけですよ。

湯山　上野さんが楽しみにしている「高齢者のセクシュアリティ」の研究も、未知への好奇心ですね。

上野　そうね。あらためて、「この人、えらいな」と思ったのは、瀬戸内寂聴《せとうちじゃくちょう》さん。最近、『婦人公論』で対談したんだけど、言うことがやっぱりすごかった。例えば、「橋下さんは、市長になってから変わったわね」とか。

湯山　つまり、その変化をずっと見てる。

上野　そう、フォローしてる。寂聴さん、毎日、新聞を5紙、読んでるんだって。私も橋下のことは前から見てて、ずっと気に入らないんだけど、彼女は「前はああじゃなかったけど、最近、言うことが変わって、自信過剰になったわね」とすっと言う。

湯山　自力で情報を得て、自分の思考や判断をまったく止めてないということですね。

上野　あの好奇心、生きるポテンシャルは、持って生まれたものかもしれない。それって、欲でもあり、業でもある。いろいろある欲の中で、寂聴さんは性欲はお絶ちになったようだけど、食欲と表現欲は絶っておられない。ああいう姿を見ていたら、見事な老い方だなと思う。あなたも、パワーのポテンシャルが高い人ね。

湯山　自分の心が動くものについては、「知りたい」という欲は強いです。

上野　未知のものに触れたい、驚きたいと欲してるのは、体の姿勢でわかる。湯山さん、体が前のめりになってる感じがあるもん（笑）。こういう人に年齢は関係ない。

湯山　前のめりなのは、このタイコ腹のせいでもある（笑）。好奇心に似てるんですが、「遊び」という感覚も、私はサバイバルのツールとして挙げておきたいですね。上野さん、「予測誤差があるほど快楽の刺激は強い」とおっしゃいましたが（第6章参照）、私、今まで生きてきた中で、何も成し遂げてないものの、唯一言えるのは、遊び続けていること。リア充と非リア充の両方取りという特質も、とにかく遊びたかったからなんですよ。

上野　湯山さんを見てて、とっても羨ましく妬《ねた》ましいのは、そこ。あなた、今、死んだって、遊び足りたって顔して死ねるでしょ。私は遊び足りてないのよ。

湯山　それはしょうがないでしょ。だって、学者やってるんだもん（笑）。

上野　学問は究極の極道、なんですけどね。

「村の外人戦略」というサバイバルテクニック

湯山　結局、未知への好奇心もそうだし、自分が当たり前だと思ってしまうところのちょっと先に、ステキな予測誤差が待ってることを忘れない態度と考え方が、現代をより良く生き抜くのに必要なんじゃないんでしょうか。

上野　予測誤差を求める生き方って、誤差の範囲が読めずに至るところで頭を打ったり、自爆もする。だって、予測誤差を求めずに安全圏に留まろうとする態度のほうが、ノーマルな社会なんだから。周囲の人とコードが合わなければ、こっちがKYになるか、周りが固まるかのどちらかになる。そういう経験ない？　私はけっこう、いっぱい自爆したし、頭を打ったし、叩かれましたよ。石も飛んでくるし、痛い目にも遭いますわな。それが予測誤差の学習コストなんですけど。授業料はたくさん払いました。

湯山　私の今までは、予測の質を高め、それほどの悪口を言われない砦《しりで》を作った半生だったかもしれない。セコイけど。

上野　どうやって？

湯山　ファッションや見た目を武器に使ったり。自由をどう確保するかって重要じゃないですか。例えば年齢の縛りから解放されたりだったり、「規定外」でいることの自由や自分の居場所を、どうやったらこの閉鎖的な社会でできるだけ快適に生きてゆけるかに知恵を絞ってきましたよ。

上野　組織でも会社員としてやれてたんだものね。

湯山　ある程度大きい組織なら治外法権もあるんですよ。「まれびと」みたいな位置取りで。

上野　キャリアカウンセラーの福沢恵子さんが名付けた「ムラの外人戦略」ね。

湯山　そう、ガイジンになった。あとは、文化の力や、ほかの階層やステータスを持ち込んだり。横並びの文化の中に、偏差をうまく利用して使った感じはしますね。

上野　ファッションもその記号として使ったわけか。

湯山　大いに使えますよ、ファッションは。最近、つくづく思うのは、コムデギャルソンという世界ブランドは、昔からモノ言う、自立した女がこの実社会でどう「外人戦略」できるかというときにホントに効力を発する。これ、外国に行って、アート系の列強欧米白人と相対するときにも万能。だから、世界を代表する女流建築家の妹島《せじま》和世もギャルソンで固めてるわけです。

上野　見た目で差別化するわけね。私は逆の戦略だった。その昔はボディコンを着て、髪はレイヤード。その前はオカッパのお嬢さまカットだった。黙ってすっといると、わりと品良く見えるの。処女のごときに（笑）。

湯山　そんなもの誰が信用するんですか（笑）。でも、上野さんのスレンダーな身体とガーリーな声、そして品のある語り口はとっても素敵ですよね。初めてお目にかかったとき、不思議なセクシーさがあると思いましたもん。

上野　いやいや、黙ってるとそのへんのお嬢さまに見えたんだけど、しゃべるとえぐいこと言うから（笑）。でも、30代のある時期は、「日本人形みたいなあの人は」と言われてた。私も女装してそのパフォーマンスをしてたんだよ。

湯山　ケンゾーが好きだった頃ですね。

上野　講演に呼ばれたら、芸能人ファッションで行ってたこともある。「あなたたちと違うんですから」という外人戦略でさ。でもその結果、女子短大時代の同僚に、「上野センセイの言うことって、よ〜く聞くとまともなんですね」って、何年も経ってから言われたの。「ムラの外人」をやっていると、治外法権にはなるけど、相手にもしてもらえない。

湯山　そこが難しいところなんですが、でも、今の時代、その〝治内〟のほうがダメダメになっちゃって、治外を生きてる人のノウハウを知りたがっている感はある。

上野　あなたは、相手を黙らせるだけのものを持ってたのよね。

湯山　いやいや、本物のオヤジが黙るには権威と実力がもっと備わってないとダメですよ。ただ、勝間和代じゃないけれど、グローバルパワーの申し子であるカネを回せるという実務部分では、まあ、長年真面目にやってきたので、仕事のできない既得権益者を黙らせることはできるかも。

上野　強者の戦略ね。この本の読者のみなさんが、「そんな能力も体力もない私はどうすればいいの」ってことになるかも。

湯山　能力や才能よりも、人に軽く見られたり、頭を押さえつけられたときに、どれだけ感情が沸騰するかですね。その感情さえ生まれれば、何とかなる。私の場合育った家庭環境が、常時サバイバルモードでしたから。

上野　ほとんど被虐待児みたいじゃない。

湯山　いや、ホントに、たまに実家に帰っても、ジジイとババアになって、より狡猾《こうかつ》にエネルギッシュになった父母のせいで、まったくリラックスできないし（笑）。

上野　被虐待児の育ち方について、うまい説明をしている心理学者がいる。「つねにものすごい逆風を受けて育つ」って。ほら、逆風を受けると、風圧に抗して前のめりになるでしょ。そうすると、風圧と体の角度が拮抗してバランスをとるような姿勢が、自分の常態になる。だから、無風のところに行くと、風圧がなくってつんのめる。わかりやすい比喩よね。

湯山　わははは。いつも忙しくして、量をこなしてよく皆さんにパワフルだといわれるのは、それぐらいで、あの両親と同じぐらいの風圧なわけだ（笑）。

上野　被虐待児がもらったギフトは「逆風に耐える力」なのよ。だから、無風や風の穏やかなところには適応できない。そこは私も似てる。しかも私は風が来ないと、わざわざ逆風を自分から招いてた。逆風が来ると、「おお、来た、来たー」とドーパミンが出て、目もキラキラする。困った性格だわ。だって、周囲にははた迷惑だから。

湯山　私たちがたまたま前のめりだっただけで、みんながみんな私たちみたいじゃなくてもいい。周囲には、エレガントなユーモアがあって優しい女たちがいっぱいいますからね。

上野　穏やかな家庭で育った人は、それ自体が素晴らしいギフトよね。私たちの場合は、ファイティングポーズでいないと生き延びられない家庭で育ったギフトってことよ。

上野千鶴子式「省エネ殺法」

湯山　今は生きるのにハードな時代に突入したのに、のほほん時代のモードをまだまだ皆残そうとしている。そのギャップのストレスもあるのか、逆風を嫌悪しますよね。逆風が少し吹いただけで大騒ぎしたりする。

上野　逆風に慣れていると、心も折れにくいのだよ。

湯山　たしかに。自分の例で言えば、折れかかったとしても、何の力を借りてでも元に戻る。いや、実は何度も折れてるんですよ。でも、一回仕事上の大失敗で寝込んだことがあって、そのどん底地点でとどまっていられない自分というのがあったな。

上野　何十年とそうやって生き延びてきたから、それが身体化してるんだね。

湯山　小さい逆風でも、吹き始めの音からわかりますよ。それで、早めに対処しようとする。

上野　そう？　私はワクワクする（笑）。でもさ、戦うにしても、自分のスキルが通用する場所としない場所があるでしょう。例えば、会社という組織で戦うのが得意な人もいれば、組織の外で戦うのが得意な人もいる。自分が一番戦いやすいホームグラウンドを選ぶのは賢いと思う。モードの合わない戦い方や場所って、エネルギーを消耗するから。あなたが横並びの中に違う文化資本を持ち込んで戦えたのも、ぴあという情報文化産業にいたから。違う業種だったら、自分の文化資本を生かすのは難しかったんじゃない？

湯山　文化的な素養や教養が、価値を生む職種ではありましたね。とはいえ、情報誌のＤＮＡは文化コンテンツを内容やセンスではなく、徹底してモノとして扱うところがあるんで、私のこの文化資本はあんまり会社には役に立たなかった。社員も多くは、文化コンプレックスが強いゆえに、文化をカネに換算するリアリズムに酔っているようなところもあるし。まあ、若い頃はよくケンカをふっかけられましたね。それに応戦は絶対していた。フェミニズムだって、そうじゃないですか？

上野　私は「省エネ殺法」をテクとして使ってた。あなたほどエネルギーがないから。相手を蹴散らすのに自分のなけなしのエネルギーを使い果たしたら、やりたいことをやろうと思ったときに残ってなかったりすると、困るでしょ。だから、立ちはだかる壁を迂回したり、エネルギーをムダ使いしないようにもした。

湯山　学術の世界って、東大を頂点とする〝ザッツ男社会〟ですからね。

上野　迂回と言っても、彼らが使う男言葉はちゃんと学習したし、使う以上スキルは身につけた。どっちみち逆風は吹いてくるから、潰されないだけのものを持っておこうと思ったのよ。私が入った業界は完全に一元尺度の世界だったから、どうしても彼らの言語を同等に習得し、同じリングの上で戦わなきゃならなかった。それで論争に強くなり、「ケンカに強い」と言われてしまったわけなんだけどね。

湯山　逆にそういった一元尺度というルールがあるだけいいですよね。私、上野さんが浅田彰さんと

上野　対談されてるのを読んで、うまいとこ突くな、ケンカが強いなと思いましたよ。

湯山　へ？　記憶にありましぇん。それはきっと何度か自爆したあとに学習したんですよ。省エネ殺法で学習したのはね、相手と直接対決しないということ。教理問答ってあるでしょ。

上野　キリスト教の神学か何かの問答ですか？　論争術では最強という。

湯山　あの教理問答ってさ、一方が他方に論破されることはまずない。すべての教理はそれなりに整合性と一貫性があるからね。じゃあ、何が違うのかというと、両者のパフォーマンスなの。つまり、見世物。

上野　「朝まで生テレビ！」みたいな、公開討論ということですね。

湯山　相手を論破することが目的ではなくて、聴衆をどちらにつけるかという競争。省エネ殺法もそれと同じで、オヤジを撃沈する代わりに、おちょくって、バカに見せるというパフォーマンスをするためだった。ところが、これやると、根に持たれるのよ。

上野　わかるなー。それは男の生命線ですからね。実社会ではそのフォローアップが本当に大変。

湯山　それに、男社会で同等に戦ってきた女には、「ミイラ取りがミイラ」になるヤバさもある。

上野　男以上に男社会の論理を学習し、体現するパターン。そういう女性はそろそろ大企業の中に出てきましたね。

女化することに新天地を見つけ始めた男たち

湯山　『新潮45』という雑誌から、「女になりたい男たち」というテーマで原稿を依頼されたんですよ。今、そういう男たちが増えてるらしいです。

上野　そうなんだ。その男たちの心は？

湯山　恥も外聞もなく心のままに素直にギャーッて泣きわめけたり、本音で生きられる、それが許されるというところに、男がある種の新天地を見つけているんだそうで。まあ、私が見たところエポックは、長野オリンピックの中継でお茶の間に流された、ジャンプの原田雅彦選手のものすごい大泣きですね。「船木〜、船木〜」と次のジャンパーの名前を呼びながらワンワン泣いてたという。それまで存在した男の涙は恥だというモラルがそのときの感動的な優勝で、「男のワンワン泣きはオーケー」となった。結局、武士道もノブレス・オブリージュもそうなんですが、男の理性って、公に対して自分の感情を抑えるという美徳だったのに、その生き方が全然おいしくないと男たちが思うようになっちゃった。だって、傍らで女たちは本音で楽しく気楽にやってる。いろんなことを諦めれば、楽しくやれるんじゃないかという新天地を、女に見出してるというわけです。

上野　そりゃけっこうな話ね。そんなら男から降りてよって言いたい。

湯山　降り始めてる人はいますよね。簡単に会社を辞めちゃって、男社会から降りてる人。

上野　原子力ムラみたいに、既得権益集団からは降りないでしょう。

湯山　若い世代を中心に、ラクなほうがいいとなし崩しに雪解けしている気はしますし、年上のオヤジ世代でも早期退職してカレー屋を始めたり、第二の人生を始めようとする人が多くなっている。それこそ自分の本来の才能、好きなことをしてカネも付いてくる生き方に本気で価値を見出し始める。昔と違って、「株式会社」も比較的簡単に起こせますからね。ホットオークションなんかで月に30万円稼いで、あとは何の責任もないほうがいいというふうに、リアルに言ってますよ。

上野　その人たちは、実際にやってるわけ？

湯山　はい。だんだん増えてきているし、トレンドにもなってきている。

上野　古市憲寿くんもIT系のベンチャー企業をやってるみたいだけど、ホモソーシャルな組織集団に入るのはイヤだという同世代の男がいっぱいいると言ってた。でも、勝負の場である組織に入らなければ、不戦敗にもなるでしょ。

湯山　でも、本当に優秀な人材はどんどん海外に流出しているし、私の知っているいくつかの大会社にしても、まあ、社員による内部改革はほぼ無理だし、利潤追求よりも、組織温存に血道を上げがちなので、組織に入ったとしても、将来的な負けは決定ですよ。

上野　この先どうなるかなと思うのは、そういう子たちが増えるのは結構なことだけれど、彼らが降りた土俵のほうだって痛くも痒《かゆ》くもなく、無傷で残っちゃうのかどうか。それに、才覚のある奴は、土俵のほうからちゃんと引き入れてもらえる。センスのいい子たちは組織に入っていく。そして、あれよあれよと数年のうちに見事に会社化されていく。速いわよ、男の子の変化は。特に東大生はそうね。「あんたがどう会社化するか、何年後かが楽しみだわ〜」とかイヤがらせを言ってるんだけど（笑）。

湯山　土俵側はしたたかですよね。男は1週間あれば変わっちゃうんじゃないか？

上野　それは早過ぎるかも（笑）。見てると、だいたい3年ぐらいだね。

異形細胞のススメ「社長になりなさい」

上野　湯山さんも私も、いわば「ムラの外人」になって、生き延びてきたパイオニア・ケースですね。でもこの先、組織の中に入った女たちがどうなるか。「男は会社化するのが早いよね」なんて、お気楽に言ってられないかもしれない。女もやっぱり会社化するんじゃない？

湯山　ミイラ取りがミイラになるパターンですね。実際、いっぱいいますよ。アラフォーから上で、男よりも官僚的なザッツ組織の女。上野さんが指摘する「女の中の分断」があります。

上野　彼女たちに「土俵を割れ」とは言えないでしょ。組織側が土俵に入れてやると言ってるわけだし、「入ってけ」と後押しもされたわけだし。

湯山　アラフォーぐらいから有能な課長が出現しているんですけど、彼女たちの話を聞いてみると、ある優秀なアイデアを実現させるのに足かけ5年。社内調整に莫大な時間とパワーを使っている。そんな力量があったら、とっとと起業して社長をやったほうがいい。ピーチジョンの社長だった野口美佳さんがそれを実証してますよ。彼女は45歳でお祖母ちゃんになったんですが、マリア・テレジアのように子沢山。

上野　40半ばで孫ができたっていうのは、自分の子どもを早めに産んだのね。

湯山　そう。ランジェリーの会社をやって、株を売って、今や資産家でしょう。4人の子どもは全員父親が違うんだけど、子育ては仲のいいゲイの友だちを同居させて、助けてもらってた。彼女が言うには、それができたのは自分が社長で、何事も自身で決められたからだと。組織の中で管理職をやる才能があるんだったら、起業するのもサバイバルの方法じゃないでしょうか。

上野　それ、私は「外付けがん細胞説」と呼んでる。または「異形細胞増殖説」。ただ、それだと組織は無傷なままで、変わらないんだよね。組織の持ってる慣性というのがある。その慣性が政治にも、官僚の社会にも、企業体にも生きてる。

湯山　組織って、すべからく自らの温存に目的もなく向かうんですよね。

上野　原発だって、このまんまやり過ごして既成事実を積み重ねようとしてるしね。
湯山　うやむやにして、風化させる魂胆ですね。だから、「独立して、社長になれ」というのは、組織の中で苦労してる女たちへの提言ですよ。組織のほうはどうしますかね。アメリカに占領してもらうとかですかね（笑）。外圧でしか変わらないんじゃないかな。
上野　アメリカの51番目の州だったほうが、良い国になったかもしれないとは、昔から言われてるね。そうしたら、私たち、大統領選の選挙権を持てたんだな。
湯山　よく明治維新を「ニッポン男子が男であった時代」とかって、目をウルウルさせて憧れる男がいますが、あれって大嘘。ジャーディン・マセソン商会の当時の代表者が利権を取りたいがために、坂本龍馬を使って、開国派に資金投入したからってことで、やっぱり外圧が作用したんですよ。
上野　カネと武器ね。ただ、尊皇派と倒幕派の対決は、フランスとイギリスの代理戦争だったところを、うまく泳ぎまわって、どっちにも分捕られず、列強の対立をうまく利用した知恵者がいたんでしょう。
湯山　ただし、どこの国にも占領されず、一度も植民地化されていないのは、世界史的には、ラッキーだったんじゃないですかね。その中でネオテニーの土壌が育まれたのもラッキーの賜物だった。私も楽しかったですよ、3・11まで。ずーっと子どものままで依存体質でいられて、遊んでいて良かったもん。

上野　そうやって楽しかったって言えるのは、やっぱり心から羨ましいわ（笑）。

湯山　3・11後のいろんな不都合に目を瞑って遊んで生きてたほうがラクだと思う気持ち、理解できないことではない。

上野　でも、あなたが福島の避難地域に住んでいたらどうなるよってこと。死ぬまで原発マネーが支えてくれるはずだったのに、その原発のおかげで多くを失い、避難を余儀なくされた。とんでもないことよ。もうネオテニーではいられないよ。

湯山　そのとおり。だから、3・11があってもルールを変えない人たちのことを考えるんですよ。

上野　東電の社長とか？

湯山　いわゆる権力を持った大企業のトップや官僚なんかですね。ただし、ここが本当に不可解なのは、これが例えば、アメリカの金持ち企業家なら、カネがそのまま自分の快楽に素直に使われてわかりやすいんだけど、日本のそういったカネ持ちライフスタイルは凡庸で貧しい。なんでそんなにカネがほしいのかわからない。

上野　日本の場合、サラリーマン社長であって、オーナーじゃないからでしょ。

湯山　そのリーマン社長が、命と引き換えにしても保ちたいものって、何なんですか？

上野　組織の自己防衛ね。政財官全部が絡み合って、それでずっと回ってきたから、今さら止められない。図体も大きいから、ブレーキを掛けても止まらない。慣性よ。

湯山　そうなると、事態を変えられるのは……革命かテロですか⁉ 冗談でもそんなことを言う人が最近増えてきたよね。

上野　私は、「革命」という妄想が生きていた時代の若者だったわけだけど、あのときにしたたかに学んだのは、システムの総取っ替えは、変革の仕方としてありえないってこと。だから、「異形細胞」になるしかないなと思ったのよ。

湯山　ほら、やっぱり、そこにしか希望はないですよ。ガンのワクチンと似ている。ほとんどダメだけど、ある種の人には、特別に効く。ただし、本当にオッズは低い。

上野　組織の内部変革はものすごく困難だからね。東大を内部から見てても思った。回っているシステムを変える必要が生まれないから、変革の動機付けが生まれない。

湯山　大企業のオヤジたちと飲むと皆、本当に会社を憂えているし、マジメに変えなきゃと言っているの。でも、それがなされたことはない。この愚痴もシステムの一部と考えるとアホらしくなってくる。

上野　微調整はできるけど、組織に自浄能力はないわね。変わるのは外圧と体面によってね。東大のセクハラ対策を作るときがそうだったんだけど、あらゆる分野で日本のNo.1でなければならないというあの集団の思い込みをうまく使うことで、物事が進んだの。「こういうことをやるとみっともないです。こっちのほうがいいですよ」と散々言ったら、そのとおりになった。だから、ものは使いようなんだね。

湯山　やっぱり喧嘩殺法だな。相手の弱点や思い込みをズバッと突きますね。

上野　大企業を含め、世の中がセクハラ対策に一生懸命になったのは、均等法の改正でセクハラが使用者責任になったからなのよ。少し前までは加害者を守ることが危機管理だったのが、今は加害者を切ることが危機管理になった。

湯山　組織防衛のためであることは、変わらない。けれど、結果は出た。

上野　しかも外圧で変わったのよ。その外圧を変えたのはフェミニズムだけどね。異形細胞の話に戻ると、慣性の大きな巨大組織は内部から変わる動機付けがないから、異形細胞が無視できなくなるほど育って、本体を乗っ取るしか方法はない。でも、展望が見えない。

湯山　否定されて、また肯定された気分なんですけど（笑）、小さい企業でも、能力のある人がポコポコ社長になって、自分の裁量で仕事も人生も歩けるようになれば、組織も無視できなくなりますよ。一つ一つは小さいことでも、数が増えれば、社会全体にその影響は効いてくると思う。家族のあり方も結婚制度も変わるんじゃないですか。まあ、このたびの再稼働反対の大デモぐらいの希望ですが。

上野　目に見えるほど増えたら、無視できなくなるでしょう。

湯山　異形細胞のライフスタイルがカッコ良く見えてくる、というのもポイント。カッコ良さってすごく重要で、3・11で既得権益側がカッコ悪くなっちゃったのは、超ラッキーだと思います。

上野　そのとおりね。テレビの力で、保安院のビジュアル的カッコ悪さも広がったし。

湯山　3・11によるいい変化は、化けの皮が剝がれたところですよ。日本人って空気の国民でしょ。それには悪いこともあるけど、プラスに作用すれば、世の空気がガーンと反原発に行くかなという希望もある。楽観的過ぎます？

上野　どうなるかはわかりません。予測誤差が大きいから。まあ、世の中の変化を見届けるために、長生きしましょうよ。

応援団作りとソーシャルネットワーキング

上野　最近、ある中学校に呼ばれて話をしてきたんだけど、質疑応答のときに、男の子が私に質問したのね。「上野さんは、どうしてそんなに強くいられるんですか？」と。今まで受けたことのないいい質問で、私も初めて考えた。で、答えた。「それはね、応援団、つまり仲間がいるからです」と。誰でも、応援団になってくれそうな人や、自分が言うことに同意、共感してくれそうな人を嗅ぎ分けてる。

湯山　ホントだ。私ももうそれ、身体化しちゃってますよ。

上野　よく、友だちと話が合わない、相談したら言下に否定された……とかいう悩みを相談してくる人っているけど、それは選んだ相手が悪い。話が合わない人を「友だち」とは呼ばない。「相手を選びなはれ」で終わる質問なのよ（笑）。教師だって、お客さんである学生が選んでる。

湯山　ここで諦めちゃいけないのは、学校や会社という社会集団以外にもたくさんの「話が合う人」がいるということ。外国人でも体験的に「気が合う人」という人は、たとえ相手が英語で話してもわかる。ノイズ系とかエクスペリメンタル系のコアなアーティストたちの合言葉なんですが、日本で100人のファンでも、世界に行けば2万人ということですから。仲間は嗅ぎ分けて選べ、ですよ。

上野　その男の子には、「そのぐらいの嗅ぎ分けは、キミだってやってるでしょ。だから、応援団になってくれそうな人を見つけて、仲間を作りなさい」とアドバイスしました。自分が攻撃を受けたときに怯《ひる》まずにいられたのは、後ろに応援団がいて、「私は悪くない」と確信が持てたからなんだよね。一人じゃきついよ。そんな話をしたら、その中学校の先生が、「あのお話、本当に良かったです。子どもたちの目が変わりました」とあとで言ってた。

湯山　それ、ツイッター人気を決定的にした理由ですよ。システム自体は何の意思もないし、私も最初は半信半疑でよくわかんなかったんだけど、実地でやり方を見つけていったら、「自分の仲間を作っていく」という生来の行動が出てきちゃった。「今、地元でラーメン一杯なう」程度のつぶやきだとフォロワーが増えないけど、次第に私個人のセンスみたいなことを入れてつぶやいたら、それをおもしろがってくれる人がバンバン集まってきたんですよ。

上野　イヤならフォロワーをやめればいいんだもんね。フォロワーになってくれって、頼んだわけじゃなし。

湯山　そうそう。人って言葉で友だちを増やしていくじゃないですか。飲み会で知らない人に紹介されたら、「はじめまして」と摑んでいかなきゃいけないわけで、それと同じですよ。

上野　ネットが広がって、言葉の力がもう一度、復権しました。上野ゼミの学生が以前、遠距離恋愛を卒論のテーマにしたことがある。アメリカ留学中に、太平洋を越えた恋をした男が、二股をかけた。顔が良くて性格のいい大人しい子と、顔はあまりキレイじゃないけど潑剌《はつらつ》とした子と。チャットしたら、大人しい子とは話が続かなかったんだって。

湯山　なるほど。

上野　潑剌とした子のほうは、言葉遊びもやるし、打てば響くっていうので、結局、その子と恋愛が続いちゃった。対面関係が最高だと言うけど、次元を落としたネットの世界では、言葉がものを言うんだね。

湯山　言葉って上手、ヘタも含めて、人物そのものですからね。また中でも、短い言葉が力を持つ。

上野　ワンフレーズ・ポリティクスね。あなたの「爆クラ（爆音クラシック）」もそうだけど、こういうフレーズがパワーを持つ。もちろん、人間には多面性があるから、言葉だけで生きてるわけじゃないけど。ネットの世界の風通しの良さは、加入脱退が自由なことね。私が言ってる「選択縁」と共通する。

湯山　あと、すごくいいのは、絡んでくる奴を無視できることですね。飲み屋で変な奴が絡んできたときに、トイレに行くふりして帰っちゃうのと同じ。まさに様々なコミュニケーションが凝縮されてるんですよ。バカにできないですよ、ツイッター。

上野　対話が成り立つのは、双方に合意があるときだけなんだよね。何という情報の民主主義！　素晴らしい。

湯山　ステキな予測誤差も生まれましたよ。私のフォロワーに「屋形船なう」と書いた人がいたんです。「隣の屋形船から、ビートルズの『ヘルタースケルター』が大音響でかかってるが、何だ？」って。これ沢尻エリカの映画『ヘルタースケルター』以前だったんだけど、そのツイートに私、超個人的に反応して、知らない人なんだけどリツイートを付けて、『ノイズの屋形船って、ヤバすぎる云々』と書いたら、相手も「おもしろいスかぁ〜」みたいな感じで返してきて、そのやり取りを見てた知らない人も加わって、3時間後には「ノイズ屋形船、実地でやりましょう」という遊びができちゃった。それ、楽しくないですか？

上野　本当ね。あなたとこうしてツイッターの話ができるのは、3・11のあとだからなのよ。私も、3・11がキッカケでツイッター始めたから。上野も進化してるのよ（笑）。

湯山　ツイッターやフェイスブックのダイナミズムってすごいですよね。イスタンブールに行ったときも、若い男の子のウェイターがMacBook Airをいじってる私に「フェイスブックやってるの？」と声かけてきて、「僕もやってるから友だちになって！」ってことになり、今でもたまに「How are you doing?」というあいさつが来る（笑）。

上野　英語でやりとりしてるの？

湯山　もちろん。そしてまた、カッパドキアからイスタンブールの夜行バスの待ち合わせ場所では、インド人のエンジニアとスウェーデンのすごいキレイな男の子と、なぜだかトヨタの「カンバン方式」について盛り上がったんだけど（笑）、そのインド人とはフェイスブック友だちで次のインド旅行時は彼の家に泊まることになっている。

上野　マルチリンガルでやんの、面倒くさくない？

湯山　まあね。でも、苦手な人は、翻訳ソフトを使えば、けっこう大丈夫。ロシア語でもできましたからね。向こうも日本語の私の書き込みに反応してるから、翻訳ソフトを使ってるんですよ。そういう時代ですね。

上野　へぇ〜。フェイスブックはハードル高いな。ツイッターのほうが参入障壁は低いね。

湯山　フェイスブックはどっちかと言うと、基本実名だし、上野さんのことを知ってて賞賛してくれる人が集まるので、ダイナミズムという意味ではおもしろくないかもしれない。ツイッターのほうが予測誤差はすごいから。失礼な人も、いろんなノイズも多くなるけど。

上野　うん、ちゃんと絡みも入ってくる。

湯山　まあ、これを体感できる人とそうでない人とでは、大きな格差ができるかもしれない。

「芸が足りなくて、申し訳ありません」

湯山　『四十路越え！』でも書いたんだけど、これからのサバイバルって、こんな世の中に、リア充を取り戻すための構えと方法論だと思います。それは不安ゆえに手も足も出なくなって、生きながら死んでる人にならない、ということ。もともと日本人ってファンタジーが好きな気質だけど、そこにだけ活路を見出して、どんどんリア充を諦めてるでしょ。韓流やきゃりーぱみゅぱみゅや初音ミクの世界に傾いたりして。あちら側では自由自在に夢を飛ばせますからね。

上野　非リアルの世界に傾くってことは、えぐい言い方をすると、オナニストとストーカーの集団になっちゃうってこと（笑）。『四十路越え！』の反響はどうだった？

湯山　思ったよりも、コレがいいんですよ。特に3・11以降にまた大きくセールスの波が来て、続編も出したという。

上野　「素晴らしいのはわかるけど、私、とってもついていけません」風の反応はない？

湯山　それがね、想像していたよりもずっと少ないんですよ。『四十路〜』の出版以来、毎月のように女性誌からテキストやら、コメントやらでお呼びがかかって、連載も増えているんだけど、最近の快挙は、『アネキャン』というアラサーのコンサバ女性ターゲットの、王道月刊誌で連載が決まったこと、その恋愛特集に引っ張り出されて、まあ、今、しゃべっているようなことを容赦なく、叩き付けたんですよ。そうしたら、読者の反応が凄く良かったというので連載が決定した、という。上野さんが学問という共通言語を得たのは、文化系のトップヒエラルキーから大衆まで届く周到な言葉を、ということだったんでしょ？

上野　学問の言語は、スモールサークルの中の業界用語、隠語だから。理解するのは限られた集団。言葉が届くかっていうと、私の本で売れるのは『おひとりさまの老後』であって、『ケアの社会学』じゃない。だから、やっぱり音楽やアートなどの文化の力はすごい。問答無用、翻訳抜きで通じる。どう考えても負けるよ。

湯山　具体的な経験があったんですか？

上野　「慰安婦」問題の講演に行った先で、私がいろいろしゃべると、「慰安婦って売春婦じゃなかったんですか？」と若者が言うの。どこからその情報を得たかと聞いたら、「小林よしのりの漫画にそう描いてます」と言うわけ。

湯山　小林よしのり……。けっこう若者に読まれているんですよね。

上野　「上野さんの話を聞いて、違うこと言うんだと思った」と言うから、私の本も読んでくれるかと聞いたら、「上野さんたちのところに、漫画を描ける人はいないんですか？」と言われましたよ。こっちは、「芸が足りなくて、申し訳ありません」と恐れ入りました。

湯山　ある意味正しい。それ、重要ですよね。その努力をしたほうがいいかもしれないですよ、本気で。

上野　そうなのよ。「キミたち、がんばって私の本を読んでくれ」じゃないんだよね。同じメッセージでも伝え方によって届き方が違うから、その届け方が芸であって、大切なんだよ。私はそういう芸に敬意を持ってるし、特に大衆性のある人にはひれ伏すしかないと思ってる。私どもの業界なんか、世の中においては本当に一握りでございますから。届けるという意味では、最高の文化は音楽だよね。

湯山　ただね、音楽は感覚なんですよ。だから、小林秀雄が道頓堀を歩いてるときに急にモーツァルトが頭の中で流れたりするわけで。その感じを「わかる」かどうかは、リスノーとしての感性を基本としているので、言葉ほど平等ではない。言葉がないものってやっぱり頼りないし、難しい。グルメ評論もそういうところがありますね。いろんな音楽ジャンルを聴き込んでいくと、クラシックにも、ロックにも民族音楽にしてもそこを横断する、自分なりの音楽のツボが出来てくる。そこを他人と〝語る〟としたら、やはり相手にも素養が必要になる。さきほどあまりよく言わなかったけど、村上春樹なんかは、そのツボの言語化がすごく上手い。

上野　それはそうね。ジャズもクラシックもロックも、リテラシーがないとわかんない。そのリテラシーの敷居が低かったのがロックだね。

湯山　ロックは、物語性、スター性で語られるところがありますからね。クラブミュージックの四つ打ちの快感も、ダンスという身体を通じて、体感できるからイージーです。

上野　4ビートとダンス。そう考えると、20世紀ってすごかったかも。アフリカのビートが大英帝国を制覇した。

湯山　それもそうだけど、クラシックでもおもしろい話があって、クラシックって欧米一枚板だけではなくて、本家本元はイタリア、ドイツ、フランスなんですよ。イギリス人の作曲家って、ブリテンやエルガーぐらいしか音楽史に出てこないでしょ？　イギリスはクラシックの本流にしたら辺境なんですよ。それがポップスにおいてはどうかといえば、ビートルズをはじめとして、イギリスが一大産出国で、先の国々は辺境扱い。クラシックでの不況をポップスが逆転したという。そのポップスが利用したのは、もちろんアメリカ出自のビートです。おもしろいでしょ⁉

加齢とともに遊戯性が増す、恋愛という遊び

湯山　快感や遊びを考えたときにね、私、性において最後に残るのは、遊戯性だけだと思ってるんですよ。プレイだけじゃなく、恋愛も含めての遊戯性。

上野　つまり目的がない性ね。目的がないというのは、遊びの絶対条件よ。

湯山　恋愛って予測誤差の塊でしょ。最終的に遊びとして、一番おもしろいかなと思います。仕事だと経験を積めば、だいたいの予測がついてしまう。でも、恋愛は、例えば私は年下の男が好みだとして、あちら側が私を年上の女性として尊敬したとしても、それと性欲が結びつくかは別の話。このファットな肉を何でカバーするのかみたいなことも含め、おもしろいですよ。だんだん難しくなるカードゲームみたいなもので。

上野　究極の遊びだね。うーむ、私は、最近、女子会に浸り過ぎていて、忘れておった。思い出したよ、そういう遊びが世の中にあったことを（笑）。

湯山　忘れておったでしょ（笑）。私、恋愛は性欲だと言い切っていたんですが、もう一つの快感があったことをこの対談で思い出した。そこにあるのは予測誤差であり、遊びであると、上野さんとお話しして、頭の中でつながりました。

上野　セックスの快感も予測誤差から来るんだけど、予測誤差の中には「対人性」という要素がある

わけよ。あのね、最後の秘境は他人なのよ。心理的に予測誤差を体験するのが恋愛。セックスだけが目的じゃない、心身が伴う遊び。妊娠だの、結婚だの、家族を作るだのというゴールが、もはやない年齢にとっては、最高の遊びですよ。

湯山　最後の秘境は他人。それ、至言です。

上野　そう。別に秘境探検に行かなくたって、他人で秘境体験ができる（笑）。

湯山　そうすると周囲は秘境だらけだ（笑）。だから男を嫌いにはならないですね。他者のおもしろさがあるから。

上野　年の功でさ、男の愚かさも含めてかわいいというのもあるじゃない。相手の限界や器の小ささも含めて愛しむ。それが大人の楽しみよ。

湯山　ある！

上野　未熟を愛でる大人の楽しみ。それが老後に待っていますわ。

湯山　しかし、何といっても身体的なハンデが……。

上野　なんで体をハンデだと思うの？

湯山　いや、やばいでしょ。ダイエット中なんだけど。

上野　恋愛の興味って、人に対する関心でしょ。肉体そのものより、「この人はこの肉体でいかなる反応をするのか」という関心。

湯山　もうちょっと、体重がねー（笑）。

上野　それもジェンダーの病ね。暗けりゃ、同じよ。それに、湯山さん、フカフカで気持ちよさそうよ。脱がしてみたいわ（笑）。

湯山　この年になると、ゲイがノンケに恋するのと同じぐらいの困難さがあるでしょうね。ノンケにどう手を出し、目覚めさせるか。まさしくゲイの恋愛です。

上野　両方の合意がないと、始まらないことだからね。年下が相手なら、体を張って教育するようなものじゃないの？

湯山　どうも先達たちの話を聞くと、そうみたいですね。

上野　あなただったら、どんな教育をするの？

湯山　教育、っていうよりも、彼にとってこの世のものとは思われないほどの世界の美味を食べさせたり、おもしろい体験に誘って、抜けられなくしておいたところで、湯山的な教養を移植。ついでにオヤジ化を阻止する（笑）。

上野　オヤジ化の脱洗脳なわけね。

湯山　まあ、口でペラペラ言うだけの理想ですけど……。

上野　それを体を張ってやろうってのは、ものすごいパワーのいる仕込みね。私はあなたほど体力とエネルギーポテンシャルがないから、「ヨソで苦労してから出直して来い。あんたを育てる義理も体力もないよ」と思っちゃう。

湯山　けっこう私も、口だけとして有名ですよ（笑）。ただ、その面倒くさ さというのは考えるだにワクワクしますね。面倒くさいことから逃げる人が普通なんでしょうけど、私は、その先の果実を得た体験から太ーい脳の快感回路を持ってるほうだと思います。

上野　あなた、ムチャクチャ、人間が好きなんだと思うよ。

気の弱いＤＮＡの持ち主が進言する、「年に一度は旅に出よ」

湯山　上野さんだって、年下の人間を育てることはしてるじゃないですか。

上野　それは教師だから、世間的に面倒くさいと思われるようなことも一応はやってます。

湯山　それに、向こう側がすり寄ってもくるでしょ。

上野　子どもを産む産まないに関係なく、次世代に対する責任はあると思ってるから。前に「女の支配とエゴイズムが子どもに犠牲を強いる」と言ったけど（第5章参照）、母にならなかった女がエゴイストなんじゃなくて、私たちは母になるほどのエゴイズムを持てなかったわけよ。

湯山　実は気が弱かったんだ、私たちは（笑）。

上野　生物学的にもはっきりしてる。二人とも自分のＤＮＡを残してない。つまり、淘汰されたＤＮ

Aの持ち主。この弱いDNAの持ち主が、「次の世代の人たち、ちゃんと生き延びて欲しいわね」と心からの愛情を持って語ってるわけです（笑）。

湯山　あー、気は強いけど、DNAは弱かった。

上野　年齢差のある人間関係というのは、相手のジェンダーを問わず、こっちの人間的なキャパが試される。単純に経験と情報のストックだけから言ったって、こっちと向こうのキャパには段違いの差があるからね。そうすると、こちらが向こうを理解するようには、向こうはこちらを理解しない。

湯山　そこ！　そこ！

上野　人は自分の器に応じた理解力しかないからね。器に応じて、「湯山さんって、こういう人なんですよね」みたいな理解をする。実際にはそこからはみ出した湯山さんもいっぱいいるんだけど。つまり、それによってあちら側の限界が見えるわけね。それが見えた上で、「しょうがないわな。若さっつうのはこんなもんだ」と思えるほどの度量がないと、面倒くさいことはやってられない。

湯山　それとね、年上女が諦めなきゃいけないのは、女の人にありがちな、「私をわかって」という承認欲求。それ、若い男が現実的に満たせるわけがない（笑）。裏切られて当たり前、若い男なんて。恋愛狂の美魔女は、そこを間違っちゃうから、醜いことになる。女から降りない女のヤバさはそこにあります。

上野　キャパ違いの相手に、承認されたいと欲するんだね。年齢を取るとさ、承認欲求を供給する側にはなるが、受ける側にはならなくなる。関係の非対称性がある。さらに、こちらが与えるものと、向こうから受け取るものとの間に絶対的な落差があるけど、向こうはそれに気がついてもいない。その全部を受け止める寛大さを、あなたには感じるね。

湯山　非対称性の苦味は、もはや鮎のハラワタぐらい美味（笑）。

上野　たしかに。苦味も美味に変える力がないと、グルメにはなれない。育ちのいい人、惜しみなく与えられてきた人って、寛大さを持ってるんだよね。

湯山　あの親からは与えてもらってないけどなー（笑）。

上野　与えられてたと思うよ。もちろん育ちだけが、あなたの今を決めてるとは思わないけど、私が人を見ていて「この人はチャーミングだな、お友だちになれるな」と思うのは、その手の寛大さを持ってるかどうか。与えることは大事なんだよ。

湯山　たしかに、与える寛大さがないと、男も女も魅力的じゃない。特に女の人って、テイクテイクかギブアンドテイクのセコさがありますよね。

上野　自分にとって利益になると感じた人としか付き合わないって女もいる。

湯山　そんなことを公然と言い放つ女も少なくない。

上野　ただ、この寛大さを母性と言われたくない。親になろうがなるまいが、年を経てきた人間のある種の責任だから。それを持ってる大人と持ってない大人がいる。

湯山　他者との人間的な関わりって、海外に行ったときに顕著にわかるじゃないですか。私、海外に仕事で放り出されたとき、つたない英語で必死になって人にわかってもらおうと思い、交流し、そこでいろんなことを知った。人は功利で動くんじゃなく、その人の魅力を見て、理解し、親切にしてくれる。そうしたコミュニケーションが実際にはたくさんあるんですよ。

上野　そうそう。海外では、まったく無名の人間としてのサバイバルだから。

湯山　だから私は、くすぶっている男女には旅をしろ、と言っている。

上野　肩書きを全部外して、付き合うしかないもんね。そこで、再び会う可能性のない人たちが、惜しみなく自分に与えてくれるという経験をする。そうすると、自分も同じことを誰かにしようと思うよね、やっぱり。

湯山　教育の話をすると、「かわいい子には旅をさせろ」ですね。日本の社会構造の中では学ぶことが無理なので、本当に旅に出てほしい。母国語や空気を読む感覚が全部遮断されたとき、それでもあなたは愛されるかどうか。そして、自分から自分の魅力を伝えに行けるかどうか。日本を出ない人って、赤の他人がバナナをくれるとか、思わぬ親切をしてもらう喜びを知らないでしょうね。

上野　そういう経験も、社会関係資本なのよ。まったく利害のない人との間で、いきなり人間関係を作る能力。

湯山　トルコに一人旅をしたときにね、カッパドキアで私の巨体を持ち上げてくれた男たちがいたんですよ。穴居人の住居があって、「登りたいなぁ」と見てたら、ある男と目があって、彼が助っ人を呼んで、四人がかりで上げてくれた。思えば、至るところで年下の男たちに助けられるなあ（笑）。

上野　湯山がいるかぎり、日本は大丈夫だね。

女の生存術はボーダレスである

湯山　女ってもともとアナーキーじゃないですか。生家を捨てて、まっさらになって、どこにでも嫁に行ける体質でしょ。だとしたら、外国人と結婚して海外の永住権を取るというのも現実的なサバイバルだと思う。

上野　女の生存術はボーダーレスだから。例えば、敗戦後のパンパンさんたちを復員兵が苦々しい顔で見てたって話を聞いても、戦いに負けた男を見限って、強い男になびいて何が悪い、と言いたい気分もどこかにある。中学生への講演でも、「日本は泥船です。あなたたち、次の世代に、この泥船を守って欲しいと私は思いません。沈みかけた船からは小動物が一番最初に逃げ出します。逃げたきゃ、いつだって逃げたほうがいい」と言ったの。予測誤差に対応して生き延びればいいのであって、世界中どこにいたっていいのよ。日本を支えてくれとか、次の日本の社会の担い手になれとか、余計なお世話ですよ。

湯山　フェミニズムのそこが好きなんですよ。女の子宮はさ、国のものじゃないよ、っての。

上野　どこでもいいって言っても、アフガニスタンでブルカを被《かぶ》って、あなた、暮らせる？

湯山　行き先には選びませんよ。でも、万が一そんな状況になったとしたら、ブルカとの折り合いをつけてみようかな。私、披露宴で俵萠子さんを出したように、自分に生きやすい環境に変えていくことを慎重に選びたいですね。それに女の人って、「すいませんが」と身を低くして同化しながら居場所を作っていくことも得意じゃないですか。男の人ではそれができる人はあまりいないと思う。

上野　女はどこでも生き延びていく生き物よね。それに比して男の足かせは覇権主義。認知症のお年寄りのシルバーホームでも、男はお互いそっぽを向き合ってる。

湯山　わかる気がする。だったら男性こそ、自分がまったくお呼びじゃない、アウェイの理解不能集団の中で折り合いをつける術を意識的に手に入れたほうがいい。それには、どんな世代の人も、海外との温度差や向こうにいる生活の空気を体感したほうがいい。自分に義務を課すように年一回は必ず行くとかして、身体化しないと。身体的に移動の癖をつけないとダメですよ。

上野　イエス、イエス。今はたまたま円高だけど、いつまでも続かないからね。私も特に若い人たちには、体力と暇があるときにせっかくの円高なんだから、親にカネを借りてでも、時間を先取りして外国に行きなさいと言ってます。

湯山　そのとおりですよ。私たちの世代に向けられた呪いの言葉に、「外国に出ていくのは、日本で使いモノにならない奴かいられなくなった奴なんだ。結局、半端者になって帰ってきてるじゃないか」だったんです。日本が上り調子のときだったから。私もそれを真に受けてたんだけど、30代で本気に戻った。今じゃ「言葉はあとからついてくる！」みたいな感じで外に出ることを欲している。

上野　私の友だちも、世界中自分が行く先々に子どもを小っちゃいときから連れ歩いてた。そしたら、どこに行っても物怖《ものお》じしない子になった。語学力はあとで身につく。

湯山　語学力はもちろん大きいのだけれど、面と向かったとき、言葉じゃないものが人間には作用するんですよね。私もかつてモロッコで三人の現地女子大生と遊びまわっていて、その中のファティマちゃんのギャグが大好きだった。向こうはフランス語なのに、そういう感じは伝わるんですよ。

上野　外に出ると、「人間は皆同じだ」という気分も体感できるでしょ？

湯山　体感、超重要！　日本にいたら絶対にできない。日本で外国人のお友だちが出来てもダメ。

上野　そうだね。語学がうまくなっただけでもダメだし。外に出ないことにはね。

寂聴さんに学ぶ、予測誤差への対応能力

湯山　最近気になってるのが、30代男の変なニヒリズムなんですよ。知り合いに新聞記者と銀行に勤める男性がいて、聡明でいい子たちなんだけど、「俺たちの周りじゃ、脱原発や反原発なんて、もういいっていうのは基本ですよ」と言う。それこそカズオ・イシグロの小説系の諦観で、「どうせ行動しても、日本社会は絶対に直らない。地震が起こって、一発でみんな死ぬんですよ」と真顔で言うんです。何ですかね、この早い諦め。国民性？

上野　国民性とは思わないな。ただ、今の若者は早めに白旗を揚げる感じはある。無駄なエネルギーは使わない。そういうガキを育てちゃったんだよ。あなたや私のように、体が前のめりになる子どもは、好奇心や進む向きを抑制するという教育は受けなかったと思うけど、抑制される教育を受けると、諦めを覚えるんだね。だから、あなたみたいな人がお母さんになって、「ミニ玲子」を育てたら、超おもしろかったと思うよ。

湯山　大学で教えてるのもそうだけど、まあ、著作や連載はそういう言説ですよ。

上野　「いいんだよ、キミたち、ブラックシープのまんまで」って？　同じことをやってるね、私たち（笑）。この本もそのためのものなんだけど、どんな予測誤差にも対応できる人材の育成が、私たちの課題なんだと思うよ。

湯山　おっしゃるとおりだ！

上野　予測誤差に見事に対応した例で、すごいと思ったのは、やっぱり瀬戸内寂聴さん。大病をなさって入院中に3・11が来た。「前年に死んでいれば、これを見ずに済んだのに」としみじみおっしゃってた。90歳になろうという人が言うと、リアルに重みがある。

湯山　瀬戸内さんが感じてるつらさとは、どういうものだったんですか？

上野　彼女が住職を務め、毎月法話をなさっていた天台寺が、岩手にある。

湯山　被災者のつらさに、本当に共感されたわけですね。

上野　大病を気合いで克服し、現地へ行ったけど、すごい無力感を持ったって。法話しても通じないし。私が今回、彼女をいっそう尊敬したのは、飯舘《いいたて》村へ行ったときのエピソード。そこで他の被災地にはなかった、ピーンと張り詰めた緊張と敵対視を感じたんですって。

湯山　わっ、そのあたりはリアルだな。

上野　そう。そこで彼女は話をするのをやめて、「私、マッサージできます。体をほぐして欲しい人、います？」と言って、お婆さんのマッサージを始めたのよ。そうやってるうちに、お婆さんがポツリポツリとしゃべり……ということを、やってきた。自分の予測とは違う状態に出合ったときに、サッとモードを切り替えられる人なのね。

湯山　さすがですね。言葉は無力だとがわかった瞬間にね。

上野　私に同じようなことができるだろうかと考えた。本当にご立派よ。

湯山　「私はお呼びでない」と逃走しがちな状況を、プラスのカードで返したわけですね。つまり、予測誤差で遊ぶ力があるから、どんな誤差が来ても対応できる。これからの目標ですね。私も自分の囲いを、広くしておきたいです。

美魔女のくびれたウエストより、女を輝かせるものは

湯山　上野さんさえ良ければ、私みたいなお気楽な立場も選択できたと思うんですよ。才能あるし、強くて人気者だし。

上野　超エリート女だから（笑）。

湯山　お話もおもしろいし。だから、ラクに生きることもできたんじゃないか、と。

上野　勝間さんの立ち位置になれたかも。でも、私には、美意識があるのよ。効率を最優先にするのって、見てるとみっともないもの。

湯山　そういう意味では、私も文化的劣位者にはなれない。だってカッコ悪いんだもん。

上野　そこはさ、善悪や正義じゃないんだよね。美意識の問題なのよ。ああ、でも、自分のボキャブラリーに「美意識」なんて言葉があるとは思わなかったな。あなたと話したから出てきたのね。やっぱり他人は秘境だ（笑）。秘境と対面して、今まで自分の中に隠れてて出てこなかったものが出てきてしまったわ。

湯山　私ね、「カッコいい」って重要なワードだと思ってるんです。一般的には差異を表す文化そのものの曖昧な言葉なんだけど、私はもっとも本質を表す言葉だと思ってる。つまり、美意識を指してるんですよ。

上野　ボキャブラリーが違うだけで、同じことよ。私たち、共通点が多いね（笑）。私、あなたの『女ひとり寿司』を読んで、カッコいいと思った。それで、こんな本が書きたいと、『おひとりさまの老後』を書いた。あなたの本が、私にキッカケを与えたのよ。

湯山　恐縮です。

上野　秘境ツアーなんて行かなくていい、老舗《しにせ》の寿司屋のカウンターが秘境だって言ったのは、あなたですよ。素晴らしい言葉じゃない。

湯山　冒険するなら、寿司屋と隣の男でできちゃう（笑）。ただ、私たちがここで言う美意識って、教養とも関係しますよね。

上野　文化資本とリテラシーは関係ある。カッコいいものをたくさん見てるかどうか。そして、その経験を積むと、人間を舐められなくなる。例えばさ、木嶋佳苗の不幸は、人間を舐めてしまったことなんじゃないかな。

湯山　そうね。彼女が殺してしまった男たちって、北原みのりさんの『毒婦』を読むと、全然ダメ男とは思えない。しかし、彼女には、そういう男たちの美点が見えない。木嶋だけでなく、そういう女は多いですよ。でもね、この経験したことに対する自信って、人を輝かせますよね。女の人はもっとここを信じたほうがいい。内面はやっぱり外に出るんですよ。

上野　はい、出ます。人を見る目があるとも言うけど、それはちゃんと質のいい人を見抜くだけの経験をしてきてるからでしょう。

湯山　若い暴走族の中に行っても、案外上手くやれるかもしれない。そうした魅力を、男も女も信じたほうがいいですよ。美魔女のウエストのくびれだけが人間の魅力じゃない。

上野　それはね、あなたがどこに行っても、暴走族の間へ行っても、人を侮らないからよ。だとしたら、あなた、主婦だって侮らないほうがいいと思うよ（笑）。

湯山　そうですよね。それ、私の中のミソジニーかもしれない。

上野　私は業界外の女性とたくさんつながりがあるんだけど、私たちの世代って主婦になった人が山のようにいるの。そして、その人たちって見事に立派な人たちで、本当に頭が下がる。だから、侮れない。文化度も高い。アート教育の神髄はとにかく一流のものを見ろと言うでしょ。

湯山　寿司で言うと、1万円前後のは行かなくていい。3万円以上か回転寿司かですよ。人間にしたって、見た目はいいけど中間層で自分の意見を持たずにフワフワしてるより、体を張ってヤンキーしてる人のほうが話せたりしますしね。

上野　それはね、自分の意見を言わずにフワフワしてる人たちが嘘つきだからだよ。

湯山　私たちは意識的にガン細胞になってきたわけだから、意思がはっきりしてる人とは接点を持ちやすいですね。モワ〜ンとしてる人は特に意識もなく、大きいものに巻かれちゃってる。思考停止もあるし、欲望も欠乏してる。

上野　リスクを取らない生き方も、湯山さん、嫌いでしょ？

湯山　嫌いですね。そこもまた寛容にならないといけないんだけど。

上野　年を取ってきたら、リスクを取らない人にも、この人なりの事情があってのことだろうな、とも思えてくる。

湯山　本当ですか？

上野　50や60になってもリスクを取らない人はむかつくけど、教育者をやってきたせいか、20歳ぐらいの子どもには寛容になれるよ。中にはイヤなことを言う、小賢《こざか》しい子もいるけど、彼らだって好きでそうなったわけじゃないと思えるのよ。

湯山　だからあちら側からも寄ってくるんでしょうね。やっぱり、秘境と寛容だな。
上野　最後はさ、生きてて「ああ、おもしろかった」かどうかなのよ。言いたくないけど、そう思えるかどうかは、やっぱり自己責任よ。
湯山　「こんなはずじゃなかった」には、なりたくないですね。

「生きていて良かった」という実感を得るために

上野　最後に自由についてお話ししておきましょうか。私ね、10代の頃から、リブやフェミニズムという言葉がまだなかった頃から、自分が何を求めていたかと振り返ってみたら、平等なんかじゃない、自由なのよ。やっぱり自由がキーワードなんだよね。
湯山　まさに私もそれです。自由になれる人と、なれない人はいますよね。自由は面倒くさいし、個個のモラルと表裏一体だから、嫌う人もいますよね。
上野　残念だけど、それは事実ね。生まれ持っての能力や体力も違うし、環境も千差万別だから。同じ環境に置かれた人たちの受け止め方だって、ものすごく違うし。それだけ違いがあるから、自由になれば差がつくのは当たり前でもある。でも、わかってきたのは、違わないことを求める思想じゃなく、違っていてもOKな思想が必要なのよ。違っていても、差別されない。違っていても、ワリに合わない目には遭わない。だから、平等に扱おうということより、違っている自由のほうが大事だと思う。湯山さんは、自分の自由を奪う相手を蹴散らしてきたって言ったけど、自由を通じて何を得たいわけ？

湯山　狭い意味じゃなくて、大きな意味での快楽です。

上野　おお、なるほど、そう来ましたか。

湯山　実人生の果実をいっぱい取りたいだけなんですよ、私は。

上野　文化ってそういうもんよ。快楽という言葉は湯山用語で、ほかの人は「幸福」と言うかもしれない。自由そのものが自己目的じゃないから、やっぱり自由を通じて、何が欲しいかなんだよね。

湯山　そうですね。濃密な、生きてて良かった時間が、大量に私は欲しいんでしょうね。それこそ死ぬまで。

上野　すごくいい話だね。だって、快楽にはピンからキリまでのレベルがあるけど、何を快楽とするかは、その人に聞かないとわからない。あなたはそれを「生きてて良かった」という感覚だと言い換えた。私は、その感覚を、認知症高齢者のグループホームでも質の高い施設で感じるのよ。

湯山　へぇ～、本当ですか？

上野　その人たちはお年寄りに、「今日も一日、生きてて良かった」感を味わってもらえる社会を作ってきた、作ろうとしてきたんだなと思う。２０００年に出来た介護保険の存在が大きいけど、地縁・血縁に頼れない年寄りを支える人たちを、日本は生み出した。東北の被災地でも、そういう年寄りを命がけで助けた施設の職員がいたんだよ。私はこれを希望だと思う。

湯山　そこに、社会としての進化があるわけですね。

上野　うん。私は、戦中派じゃないのに、敗戦後の何もないところから出発したというのが、原体験としてあるのよ。だから、なくなったって元に戻るだけという感覚もある。でも、あなたより下の世代は、なくてもともと感がないよね。あなたはレアケースかもしれないけど。

湯山　うちの親なんかは上野さんとは逆で、ないことへの恐怖や執着心が強いですよ。「原発で豊かになったのに、あんな何もない時代にまた戻るのか、戻れない」ということだと思います。

上野　私も戦時下には戻りたくないけど、もともとなかったんだから、元に戻るだけじゃんという気分が、私たち世代の楽天性の元のような気がする。

湯山　なるほど。これから自分に訪れる、老後を考えてみると、私が自分で思うのは、今までこれだけデカい刺激に慣れて、そこから快楽を得ていたわけでしょ。それが足腰が弱って得られなくなったら、どうなるんだろうかということですね。例えば、年を取って動けなくなったときに、目の前の小さな花にフォーカスしたり。そういう内静的情熱って方向に自分を持っていけるのかな、と。

上野　それは、感覚器官を全開にすればいいんだよ。やっぱり、目を瞑らないようにしていましょうよ、何事にも。現実をちゃんと受け入れて、向き合っていきたいよ。感覚を遮断するというのは逃避だからさ。みんな、弱いから逃避したいんだよね。

湯山　感覚を開いておくのはすごくいいですね。それに関連づけて、男でも女でも、他人のエロスを見ることも付け加えたい。功利的な選別というより、愛の力を常にオンにしておく、みたいなところで。

上野　エロ（ス）の力を活用するのね（笑）。

湯山　そういう感覚も生命力なんだから、開いてたほうがいいと思うんですよ。

上野　電車の中で「こいつと寝られるかどうか」ってチェックするのね？

湯山　それね、訓練として山手線の中で試したんだけど、私は、ほとんどの人とデキると思った（笑）。

上野　愛の量は、湯山さんのほうが大きいかもしれない。私もキャパは大きいほうだけど、やっぱり客を選びたい。

湯山　そりゃ、私だって、好きな客にこしたことはないですよ（笑）。

あとがき

上野千鶴子さんの還暦パーティーで寿司を握ったことがある。

私はその名も「美人寿司」という出張寿司パフォーマンスを続けていて、各種おめでたい席の出し物や、ベルリンはコムデギャルソンのゲリラショップのオープニングで握ったり（完全にドイツの皆さんの無知につけこんでいる）の経験を重ねているのだ。上野さんが、私の著作『女ひとり寿司』に存外な評価をして下さっていたので、そのご縁の結果としてオーダーをいただいたのである。

ごく親しい人ばかりを招待した、というその会は、それでも、著作物とお顔を拝見したことがある斯界の強者たちも多く見かけられ、トロを握る手が震えたものだったが、そこに驚くべきサプライズが待ち構えていた。

それは何かと言えば、「60本の花束を携えて、上野さんを言祝《ことほ》ぐ姜尚中」というもの凄い、飛び道具!!

ご本人を現実に見たのは、これが初めてだったが、まあ、その出で立ちのカッコいいこと！（こういう圧倒的な〝美〟は芸術と同じで、その前に人の心は絶対に抵抗できないことになっている）わあっ、という歓声とともにその場全体に、非常に甘やかなエロスの靄がかかったことを私は見逃しませんでしたよ。

同席した知り合いの若い女性編集者は冗談まじりに「今、フェミニズムの敗北を見てしまいました」と私に囁いたのだったが、それは大いに違っている。隙を見せたら、男にも女にも叩かれること必須のハードボイルドな世界で生きているフェミたちが、そんなミスを犯すはずがない。ということは、これはギャグ？　いや、その割には、エロスの華やぎは本気モードでもある。うーん。とすれば、フェミニズムとは、そんな、女が内面化しているロマンチックな欲望をも肯定して全然オッケーな、思ったよりもタフな思想なのだ、ということの方が、直感的にその場の私の心を捉えた。

アメリカの黒人たちは、ラップやブルースなどで、自分たちへの紋切り型の侮蔑をあえて使ってギリギリの表現に挑むことがあるが、「王子様からの花束」を、女が内面化して止まない「妄想シンデレラファンタジー」そのままに満面の笑みで受け取った上野さんのツイステッドな痛快さは、まさにそれと同様の諧謔と枠がある。私がある種の左翼を嫌悪するのは、悪も含む人間の豊かで自然な感情を、良きことの理想の前に、「無いことにする」という手つきなのだが、上野さんのフェミニズムはそんな、お子ちゃまなものではない。それが、豊かで生きる叡智に満ちた強靭かつ柔軟なものであるということは、対談の至る所に噴出した。姜尚中ウィズ薔薇の花束に、じゅんときちゃったって、全然オッケーでしょ！　という肯定感が今回の白熱トークの通奏低音。花束を持ってやってくる見目麗しい王子様に心の底から華やいで上等！　その〝心〟があっても無くても、女たちがそれぞれに「解放を求める思想と実践」がフェミニズムならば、私などとうの昔からその片棒を担いでいるということになる。

対談が乗ってきたときの上野さんは、私の友達のようだった。強くて、スピード感があって、ユーモアもあって、もちろん、抜群に頭がいいから、クラス替えのときに私の方から「今度、お茶してよ！」と誘いたいタイプ。誘った先のカフェで語るのは、もちろん天下国家。しょうもない現実を怒りを込めてバッサリ切り合い、否定されればそれを再考し、肯定されればより話は燃え上がり、思っても見なかった方向にガンガン突き進んでいき、結局、お茶から本格的な飲みに突入し、朝まですごしちゃった系というか、この対談は、人間に生まれてホントに良かったと思えるエキサイティングな時間だった。そういえば、若いときにそんな時間を過ごしたふたりの女友達がいたが、どちらも40代で亡くなってしまった。彼女たちはそれぞれの仕事の分野で際立った活躍をし、一度もフェミニストとは言わずに、しかし、自分を理不尽に遮る社会のあれこれに対して硬軟取り混ぜ立ち向かったリアル「解放を求める思想と実践」者でもあった。文中でも登場する、女優だった深浦加奈子と会社時代の先輩だった石井伊都子である。思えば80年代初頭に、彼女たちと「どう、思う?」と飲みのネタにさせていただいたのが、上野千鶴子の『セクシィ・ギャルの大研究』である。私の言葉の中には、彼女たちの存在が住んでもいるので、それを思うとなんだか感慨深い。

最後にこの本を編集してくれた、女友達でもある幻冬舎の竹村優子さんと、まとめていただいた八幡谷真弓さんに感謝の意を捧げます。

湯山玲子

あとがき

湯山玲子さんは快活な人だ。

音楽が好き、美食家で、健啖家で、セックスも好き。人生の快楽に貪欲だ。

その彼女が、3・11で変わったという。この対談は3・11がなければありえなかったことだろう。

実はわたしの『おひとりさまの老後』は、湯山さんの名著、『女ひとり寿司』に影響を受けている。オヤジ社会へのチャレンジャー、ユヤマは、都会のただなかで、男に残された最後の聖域のひとつ、老舗名店寿司屋のカウンターにひとりで挑戦する。寿司屋のカウンターは、財布の厚いおじさまが、若いギャルかきれいどころを連れて、ネタと食べ方について蘊蓄を傾けるパフォーマンスのステージ。それを評価査定するプロである寿司屋のオヤジと、暗黙の丁々発止のやりとりがある。品書きもなければ値段表もない名店のカウンターに座るには、それなりの度胸と蓄積、ハンパでない財布の厚さがなくてはならない。まちがっても家族連れで行ってはならない大人の聖地である。

湯山さんは「秘境探検するのに海外へ行く必要はない」と言い切る。女人禁制の「秘境」は都会のどまんなかにもあるからだ。

『女ひとり寿司』が文庫になるにあたって、湯山さんから頼まれて、わたしは「文庫版解説」を書いた。そのなかで「本書は最強のフェミ（ニズム）本だ」と書いた。彼女はそうと名のらないが、こんだけ自立した女性もめずらしい。

彼女の行動の原動力は快楽だ。それに対してわたしの行動の原動力は怒りである。ひとが動くのに、ネガティブなエネルギーより、ポジティブなエネルギーが原動力になるほうがよいに決まっている。なんとか怒らないで過ごすことはできないかと願っているのに、3・11の大震災、原発事故、その後の処理、政府と東電の無責任体制、再稼働……と怒りの原因がこれでもか、と続くので、なかなか怒りを抑えられない。そこに湯山さんも、怒りをもって参入してくれた。

だが対話のなかでは、彼女の向日性、楽観性、開放性、快活さが大炸裂した。そのおかげで、わたしのなかからも悲観的な面よりも楽観的な面のほうが、次々とひきだされた。対話はひとを選ぶ。相手があっての化学反応だとつくづく思う。

ふたりでもりあがった結論は、わたしたちが求めているのは「自由」だ、ということ。そうかそうだったのか、わたしが少女時代から求めてきたのは「自由」だったのか、とこのことばを久しぶりに口にしてみて。それをひきだした湯山さんにびっくりした。

そして「自由」とは惜しみなく与えること。彼女の寛大さにも感謝したい。

こんなにすばらしい化学反応の場を仕掛けてくれた幻冬舎の竹村優子さんにも感謝する。

上野千鶴子

上野千鶴子

うえの・ちづこ

一九四八年富山県生まれ。東京大学名誉教授。立命館大学大学院先端総合学術研究科特別招聘教授。NPO法人WAN（ウィメンズ アクションネットワーク）理事長。東京大学大学院教授を二〇一一年に退職。日本における女性学・ジェンダー研究のパイオニア。近年は介護とケアへ研究領域を拡大。著書に『スカートの下の劇場』（河出文庫）、『家父長制と資本制』『生き延びるための思想』（岩波現代文庫）、『おひとりさまの老後』（法研）、『女ぎらい』（紀伊國屋書店）、『ケアの社会学』（太田出版）など多数。

湯山玲子

ゆやま・れいこ

一九六〇年東京都生まれ。学習院大学法学部卒業。著述家、ディレクター。日本大学藝術学部文芸学科非常勤講師。自らが寿司を握るユニット「美人寿司」、クラシックを爆音で聴く「爆音クラシック（通称・爆クラ）」を主宰するなど多彩に活動。現場主義をモットーに、クラブカルチャー、映画、音楽、食、ファッションなど、カルチャー界全般を牽引する。著書に『クラブカルチャー！』（毎日新聞社）、『四十路越え！』（ワニブックス）、『ビッチの触り方』（飛鳥新社）、『女装する女』（新潮新書）、『女ひとり寿司』（幻冬舎文庫）など。

快楽上等！

3・11以降を生きる

二〇一二年 十 月二十五日 第一刷発行
二〇一二年十一月 三十 日 第三刷発行

著者 上野千鶴子
湯山玲子

発行者 見城徹

発行所 株式会社 幻冬舎
〒一五一-〇〇五一 東京都渋谷区千駄ヶ谷四-九-七
電話〇三-五四一一-六二一一(編集)
〇三-五四一一-六二二二(営業)
振替〇〇一二〇-八-七六七六四三

印刷・製本所 光邦

検印廃止

 ISBN978-4-344-02271-3 C0095
幻冬舎ホームページアドレス http://www.gentosha.co.jp/
この本に関するご意見・ご感想をメールでお寄せいただく場合は、comment@gentosha.co.jpまで。